망국의 일본 안보 정책

이 도서의 국립중앙도서관 출판예정도서목록(CIP)은 서지정보유통지원시스템 홈페이지(http://seoji.nl.go.kr)와 국가자료공동목록시스템(http://www.nl.go.kr/kolisnet)에서 이용하실 수 있습니다.(CIP제어번호: 2015011594)

망국의
일본
안보 정책

아 베 정권과 적극적 평화주의의 덫

야나기사와 교지(柳澤協二) 지음

이용빈 옮김

한울
아카데미

BOKOKU NO ANPO SEISAKU

by Kyoji Yanagisawa

ⓒ 2014 by Kyoji Yanagisawa

First published 2014 by Iwanami Shoten, Publishers, Tokyo.

This Korean edition published 2015

by Hanul Publishing Group, Paju

by arrangement with the proprietor c/o Iwanami Shoten, Publishers, Tokyo.

차례

한국어판 서문

   얼마 전에 서로 잘 알고 지내는 국회의원이 "아베 정권은 역대 자민당 정권이 손대려고 하지 않았던 것에 과감하게 손대는 '돌연변이 정권'이다"라고 말했다. 일본의 역대 정권은 헌법과 안전보장에 관한 다양한 모순을 평화헌법이라는 퍼즐 속의 해결책 모색 가운데 해결하고자 했다. 그런데 아베 정권은 퍼즐 속의 해결책 자체를 변경시키고자 한다는 의미에서 돌연변이체mutant라고 말할 수 있다. 여기에서 문제는 그와 같은 정권이 왜 등장했고 국민의 지지를 얻고 있는가 하는 것이다.

   전후戰後 70년이 되는 오늘날까지 일본인의 정치적 정신 구조는 패전의 트라우마trauma로 형성되어왔다. 패전의 트라우마는 전승국 미국에 대한 콤플렉스를 만들었다. 역대 자민당 정권은 대미對美 콤플렉스를 봉인하고 미국과 같은 풍요로운 국가가 되는 것을 통해서 패전의 트라우마를 극복하고자 했다. 그것은 과거의 전쟁을 잘못된 것이라고 인정하는 것이 전제前提되며, '대미 종속'을 무조건 받아들이고 국가의 '정신적 자립'을 포기한다는 대가代價를 수반하는 것이었다.

아베 총리는 그의 조부인 기시 노부스케岸信介가 추구했던 대미 콤플렉스로부터의 이탈을 지향하고, 미국과 대등해지는 것을 통해서 일본의 정신적 자립을 되찾으려 하고 있다. '미국의 함선을 지키는 집단적 자위권'은 미국과 대등해지기 위한 수단이다. 그렇지만 거기에는 미국의 군사행동을 시인하고 그것에 협력한다고 하는 커다란 틀이 있으며, 결과적으로 '대미 종속'에서 이탈할 수 없다는 모순이 내재되어 있다.

패전의 트라우마를 해소하기 위해서는 또 한차례 전쟁을 해서 승리를 거두거나, 그렇지 않으면 전쟁 자체를 없었던 것으로 하는 것 외에는 다른 방도가 없다. 그런데 또 한차례 전쟁을 해서 승리를 하는 것은 불가능하다. 따라서 아베 정권은 '대미 종속'과 모순되는 '역사 수정주의' 발상을 버리지 못하고 있는데, 이것은 전 세계에서 받아들여질 수 없다.

이러한 모순을 극복하는 길은 다른 전쟁에서 승리를 거두어 대국大國으로서의 긍지를 되찾는 것, 그리고 그것을 위해서 미국에 편승하면서 다른 적敵을 찾는 것이다. 그 적이 대두擡頭하는 중국이며, 또한 이슬람국가(IS: Islamic State)로 대표되는 국제 테러조직이다. 그런데 이러한 '적'과의 전쟁에 참가하는 것은 일본 사회에 커다란 상처를 남기게 되며, 새로운 트라우마를 초래하게 된다. 아베 정권의 '적극적 평화주의'는 새로운 트라우마로 70년 전의 트라우마를 덧칠하는 것에 지나지 않는다.

오늘날 일본에게는 '경제대국 일본'의 침몰이라는 새로운 트라우마가 있다. 거기에 신장伸張하는 경향이 현저한 중국과, 이제는 일본을 모델로 삼지 않는 한국에 의해 일본의 가치가 폄하되고 있다는 피해의식이 더해져, 일본의 '대중對中 및 대한對韓 콤플렉스'가 형성되고 있다. 그것은 일본 국민들 사이에 강경한 언사를 좋아하는 '정신적 풍토'를 만들어내고 있으며, 이는 아베 정권에 대한 지지가 지속되는 배경이 되고 있다.

결국 일본이 패전의 트라우마를 없애는 것은 불가능하다. 중요한 것은 그것을 예의 주시하면서 국가가 나아가야 할 길을 탐색하는 것이 아닐까? 그 핵심어keyword는 미국과 군사적으로 대등해지는 것이 아니라, 미국으로부터의 '정신적 자립'을 달성하는 것이 되어야 한다. 이것은 미국에 대한 종속을 초래한 '패전으로부터의 자립', 그리고 역사를 객관시客觀視하는 것으로만 달성될 수 있는 '과거로부터의 자립'이다.

2015년 4월

야나기사와 교지

머리말

　2013년 여름, 참의원參議院 선거 이후 아베 신조安倍晋三 총리는 집단적 자위권 등에 대해 정부의 헌법해석 재검토를 논의하는 '안전보장의 법적 기반의 재구축에 관한 간담회'[좌장: 야나이 슌지(柳井俊次, 전임 주미 일본대사),이하 '안보법제 간담회'로 약칭]를 재개했다. 필자는 이 무렵, 각종 미디어로부터 많은 취재요청을 받았다.

　필자는 같은 해 3월에 간행된『검증 관저의 이라크 전쟁 検証　官邸のイラク戦争』의 내용에서 제1차 아베 정권 당시의 헌법해석 재검토 논의에 의문을 가졌다는 것을 밝히고, 잡지 ≪세카이世界≫ 5월호에서는 그 의문을 더욱 상세하게 분석·주장했다. 전임 방위防衛관료로서 제1차 아베 정권 당시에 내각관방內閣官房에서 안보 정책을 담당했던 경력이

있으면서, 정부 견해의 재검토에 반대 입장이며, 그 주장을 자신의 실무경험에 기초해 주장했던 것이 미디어의 관심을 모았던 것이라고 생각한다.

그동안에 많은 기자들이 한 질문은 "아베는 도대체 무엇을 하고자 하는 것입니까?"라는 것이다. 필자도 이에 대한 답에는 궁했다. 왜냐하면 정책에는 그것으로 실현하고자 하는 목적이 있을 것이 틀림없음에도, 그 목적이 전혀 설명되지 않았기 때문이다.

예를 들면, '안보법제간담회'는 "병주並走하는 미국의 군함이 공격받을 경우, 자위대가 지키지 않더라도 좋은 것인가?"라는 질문을 설정했다. "미 군함을 지키고 싶다"라는 동기는 확실히 이해할 수 있다. 그렇지만 그러한 사태가 내일이라도 일어날 긴박성緊迫性이나, 누군가 어떤 목적으로 미함대를 공격하는가, 그리고 그러한 가능성이 어느 정도로 큰가라는 개연성, 마찰이나 충돌이었던 경우에 일본의 '참전參戰'으로 인한 이해득실에 대한 고려가 없었던 것이다.

만약 '미 군함'을 지키는 것이 긴급한 과제라면, 지근거리至近距離에서 병주하는 미 군함에 대한 공격은 동시에 자위대 함정에 대한 공격으로 간주할 수도 있다. 그렇다면 '자위대법自衛隊法' 제95조의 "무기 등의 방호防護를 위한 무기의 사용"에 의해 사실상의 '반격'도 가능하다.

또한 일본 근해에서의 미 군함에 대한 공격은 평시에 어느 날 돌연히 일어나는 것이 아니고, 제3국과의 군사적 대립이 격화되는 가운데 발생한다고 생각하는 것이 상식적일 것이다. 그러한 공격은 필연적으로 주일駐日 '미군기지'를 포함하는 일본에 대한 공격과 연동될 것임에 틀림이 없고, '일본 유사有事'의 계기가 된다. 일본 유사라고 한다면, 나카소네中曾根 정권 당시 정부의 견해, 즉 "우리나라를 방위하기 위해서 행동하는 미 군함을 방호하는 것은 (일본의) 개별적 자위대의 범위 내"라는 취지의 견해가 이미 존재하고 있다.

따라서 '미 군함'을 지킨다는 목적을 위해서 집단적 자위권의 행사가 '절대로' 필요하다는 것은 성립되지 않는다. 무엇보다 최근에는 "병주하는 미 군함의 방호"에는 상당히 설득력이 없기 때문인지는 몰라도, '안보법제간담회'는 상정想定 예例를 "(단독으로) 미사일 발사를 감시하고 있는 미 군함에 대한 항공공격으로부터의 방호"로 바꾸고 있는 듯하다. 그렇지만 미국이 단독으로 정보수집 활동을 행할 경우, 미국 군함에 대한 공격 가능성이 있다면 미군은 스스로 필요한 경계태세를 취할 것이 틀림이 없기 때문에, 무턱대고 자위대가 달려가는 것은 정보수집의 장해障害가 될 수밖에 없다. 즉, 예를 변경하더라도 미 군함 방호의 개연성과 필요성은 설명되지 않는다는 문제의 본질은 변하지 않는다.

이러한 사례에서 알 수 있는 바와 같이, 아베 총리가 추구하는 정책목적이 '미 군함을 지킨다'라는 등의 구체적으로 '군사기술적軍事技術的'인 것이라면, 그것 자체가 총리가 내세우고 있는 정책 목적으로는 너무 작고, '법기술적法技術的'으로도 다른 선택지가 있기 때문에 헌법해석을 변경할 필연성이 없다. 그럼에도 왜 아베 총리는 헌법해석의 변경에 집착하고 있는가? '총리는 무엇을 하고 싶어 하는 것인가?'라는 의문의 근본은 거기에 있다.

안보 정책의 설명에서 추상성·비논리성은 아베 정권의 최대 특징이라고 말할 수 있다. 그리고 그것이 어디에서 오는 것인가, 그 진정한 정책목적은 무엇인가, 그것은 일본에게 유익한가의 여부를 분석하는 것이 이 책의 목적이다.

제1장

아베 정권은 무엇을 하고자 하는가

일본판 NSC가 노리는 것

2013년 가을 임시국회에서 성립된 '국가안전보장회의설치법國家安全保障會議設置法', 이른바 일본판 NSCNational Security Council(국가안전보장회의)법과 '특정비밀보호법特定秘密保護法'에 대해서 필자는 예전부터 그 필요성에 대해 의문을 제기했다.

일본판 NSC 법안은 안전보장에 있어서 관저의 사령탑 기능을 강화할 필요가 있다고 하며, 기존의 '유명무실해진 것'으로 간주되는 안전보장회의를 대신해 내각 총리대신, 내각 관방장관, 외무대신, 방위대신 4인의 각료에 의한 심의기관(사대신회합四大臣會合)을 설치해 신속한 의사결정을 행하고자 했다. 또한 그것을 지원하기 위해 각 성省'에 '필요한 자료 또는 정보'의 제공을 의무로 책정하고, 정보집약과 국가안전보장에 관한 광범위한 정책을 종합하는 사무국을 설치하기로 결정했다.

5년 반에 걸친 내각관방의 실무경험이 있는 필자는 이러한 법안의 취지, 현상現狀인식에 대해 위화감을 느꼈다. 첫째, 내각 관방장관, 외무대신, 방위대신에 의한 소인수少人數 협의는 필자가 재직 중에도 빈번하게 행해졌으며, 정부의 통일된 방침의 결정에 도움이 되었다. 둘째, 내각관방이 필요로 하는 정보도 '내각 정보조사실內閣情報調査室'을 위시해 각 성에서 충분한 지원을 얻었다.

그리고 셋째, 사무국 기능에 관해서 말하자면, 부장관보副長官補였던 필자의 밑에는 각 성에서 파견되어 근무하는 사람들이 다수였고, 각 성 국장급에 의한 긴급 소집팀도 실제로 기능했다. 자연재해에서 무력공격에 이르기까지, 각종 긴급사태에 대한 초동체제는 이미 완성했다고 말해도 좋다. 한편, 중장기적인 정책입안에 대한 내부의 전문가는 없었고, 「방위계획의 대강」 외의 정부방침에 대해서는 임시

---

* 한국의 부(部)에 해당한다. _옮긴이 주.

팀을 편성해 외부 전문가의 의견을 주고받아 결정하는 방법을 취했다.

이번 일본판 NSC의 유일하게 참신한 점은, 중·장기 정책 결정을 관저 주도로 행하기 위한 사무국을 상설한 것이다. 그렇지만 위기관리가 일시적으로 각 성의 업무를 통합해 상호 간에 협력한다는 것에 반해서, 중·장기적인 정책방침의 결정은 각 성의 설치법에서 각 성 고유의 사무로 간주되고 있다. 그 때문에 각 성이 결정한 중·장기적 정책 위에, 각 성과의 관계가 반드시 명백하게 구별되지 않는 관저가 중·장기적인 정책을 정하게 된다면, 이른바 옥상옥屋上屋을 거듭하는 것이 되는 셈이다.

그럼에도 상향식 형태의 조정이 아니라 하향식 형태로 각 성에 걸친 정책을 관저가 입안한다면, 각 성의 저항을 막기 위해 각 성이 보유한 정보를 관저가 흡수하지 않으면 안 된다. 정책의 당부當否를 결정하는 것은 정보이기 때문이다. 이번 법안에서는 NSC(관저)에 정보를 제공하는 것을 의무로 책정하는 규정이 설치되었다. 이리하여 정책에서 관저의 우위를 제도적으로 담보했던 것이다.

일본판 NSC의 진정한 노림수는 2013년 1월 알제리에서 발생한 일본인 살해사건과 같은 긴급사태 대응의 강화가 아니라(그런 방면에서는 정보의 절대적인 부족에도 관저는 충분히 기능하고 있다), 안보전략에서 관저의 배타적 주도권을 확립하는 것에 있다.

왜 제도화가 필요한가

역대 내각은 관저의 실질적인 지휘로 안전보장상의 과제를 수행했다. 그것을 NSC라는 제도로 담보하지 않으면 안 될 이유는 무엇일까? 논리적으로는 두 가지의 이유를 고려할 수 있다.

한 가지는 자신의 문제의식을 관료기구에 침투시켜 정책을 견인해가는 정치적 리더로서의 역량이 아베 신조 총리에게 없기 때문에, 그것을 제도로 정착시키려는 욕구이다.

종래의 정권은 미일 동맹이든지 외교정책이든지 지도자 개인의 신뢰관계가 커다란 역할을 수행했다. 나카소네 야스히로中曾根康弘 총리와 레이건R. Reagan 미국 대통령 간의 '론-야스 관계'도 그러했으며, 고이즈미 준이치로小泉純一郎 총리와 부시G. W. Bush 미국 대통령의 개인적 신뢰관계는 대對테러 전쟁의 시대에 'better than ever(어느 때보다 좋다)'라고 불린 미일 동맹을 받치고 있었다.

고이즈미 총리에게서 정권을 인계한 아베 총리가 제1차

정권 시기에 미국 NSC와 유사한 일본판 NSC를 만듦으로써 '최고의 동맹'을 제도로 정착시키고 싶어 했더라도 불가사의한 일은 아니다.

또 한 가지 이유는 종래의 시스템에서는 실현할 수 없었던 과제에 들러붙을 필요가 있기 때문이다. 이제까지 일본의 안보 정책은 국제정세, 특히 미국의 전략판단을 부여된 것으로 받아들이고 그것에 부합되는 정책을 고안한다는, 이른바 '상황대응형의 정책결정'이 중심이었다. 정책은 퍼즐게임이며, 미국의 전략적 요구라는 새로운 조각을 어떻게 맞출지가 문제였다. 거기에서 가장 필요한 것은 균형감각이며, 새로운 조각의 삽입이 '평화주의 헌법과 미일 동맹의 조화'라는 퍼즐 전체의 그림을 변화시키지 않도록 배려했다.

반복되지만, 관저 주도의 정책결정은 이미 존재했다. 지금 문제가 되는 것은 관저 주도인가의 여부가 아니라, 일본을 관저가 주도하는 상황으로 만들려는, 즉 대국적인 정책결정을 지향하는가의 여부이다. 그것은 퍼즐의 그림을 변화시키는 것, 또는 정책결정의 게임을 퍼즐이 아니라 상대의 말을 제거하는 것을 목표로 하는 체스로 바꾸는 것을 의미한다.

일본판 NSC를 설치하지 않으면 안 되는 객관적 목적이 있다면, 그것은 '평화주의 헌법과 미일 동맹의 조화'라는 정책의 구도를 바꾸고, 일본 자신이 대미 관계를 포함하는 세계의 상황설정을 변화시키려 한다는 것이다. 그렇다면 NSC가 지향하는 국가상國家像이나 외교방침이 도대체 무엇인지, 안보 정책을 어떠한 방향으로 이끌어가고자 하는지가 더한층 문제가 되지 않을 수 없다. 그렇지만 '관저 주도의 신속한 의사결정'이 강조되고 있을 뿐이며, 의사결정의 방향성에 관한 논의는 국회심의에서도 거의 행해지지 않고 있다.

소수의 각료에 의한 신속한 의사결정은 필요하며, 종래부터 행해져 왔다. 그렇지만 소수로 신속하게 결정하는 것은 신중함을 결여하기도 하고, 실수할 가능성도 있다.

정책은 주관적이며, 정보는 객관적이다. 정책결정자는 자신의 의지에 따라서 정보를 구하지만, 독립성이 높은 정보기관은 다양한 가능성에 입각해 정보를 신중하게 평가한다. 이 과정에서 정책과 정보 사이에 긴장관계가 발생하고, 정책결정자의 주관성을 수정할 기회가 부여된다. 그렇지만 이번 법안과 같이 정보제공을 의무로 정할 경우, 정보기관은 정책결정자의 의도에 따라 정보를 제공하고자 하는 심리적 편견이 생겨난다. 이라크 전쟁의 근거가 된 대량파괴무기의 존재에 관한 정보와 판단의 오류도 이러한 과정에서 발생했다.

의사결정의 신속성과 정확성을 양립시키는 일은, 사상史上 최대 규모의 정보기관이 있고, 반세기 이상에 걸쳐 NSC를 운용해왔던 미국에서도 용이하지 않았다. 그것을 일본판 NSC는 어떻게 해결하려는 것인가?

그 논의는 결코 어렵지 않다. 이라크 전쟁의 지지 결정과정에도, 3·11의 지진·쓰나미·원전사고에 대한 대응 시 NSC가 있었다면 어떻게 기능하고, 정부의 대응이 어떻게 변했는지를 실증적으로 논의하는 재료는 있다. 하물며 집단적 자위권의 해석에 대해서 "기존의 정부해석이 틀렸기 때문에 변경한다"라고 말하는 정권에게는, 기존의 정부 개별의 정책결정이 틀렸는지의 여부를 검증하는 것에 심리적 장해는 없을 것이다.

이러한 본질적인 문제에 대해서 의식조차 못한 채 법안이 제출되고, 논의 없이 성립되어간다. 거기에는 합리적 의심에 따른 논의가 이루어지지 않는 것에 의문마저 느끼지 않는 의회와 미디어가 있다. 정책결정 프로세스를 결정하는 법률의 성립과정 그 자체가 일본의 정책결정 프로세스의 허술함을 여실히 보여주는 것이 되었다.

입법사실 없는 비밀보호법

2013년 가을의 임시국회에서 성립된 또 한 가지 법률은 '특정비밀보호법'이다.

이 법안을 둘러싸고 다양한 구조적인 문제가 있다는 것이 지적되었다. 예를 들면, 비밀의 범위가 애매하기 때문에 정부에 의한 자의적인 비밀지정의 가능성이 있다. 일정 기간이 경과한 이후 비밀의 개시開示에 예외가 있으며, 정부에게 불리한 비밀이 영구히 공개되지 않을 우려가 있다는 점 등이다. 그럼에도 정부·여당은 강행체결로 성립시켰고, '특정비밀보호법'은 내용과 입법 프로세스 양면에서 결함을 안고 있는 법률이 되었다.

필자는 제1차 아베 정권에서 '정보보전'의 강화대책에 관여했다. 또한 방위청 재직 시 비밀누설 사안의 조사·처분 관련 업무에 종사했던 경험이 있다. 필자가 관저에 있던 무렵에는 방위성에서 이지스AEGIS함 정보가 누설된 사안에 입각해, 비밀에 관여하는 직원의 자격심사와 비밀을 포함한 문서·물건의 관리를 둘러싼 논의가 주로 이루어졌고, 이번과 같이 광범위한 비밀의 탐지·누설을 처벌하는 '법 제도'의 설계에 이르지는 않았던 것으로 기억하고 있다.

또한 인터넷을 통한 정보의 유출이나 바이러스에 의한 정보의 절취竊取에도 위기감을 느꼈으며, 정부가 사용하는 개인용 컴퓨터에 대한 부정한 접근 등을 감시하는 부서를 내각관방에 설치했다.

비밀 관련 업무에 종사하는 자에게 이런 대책은 필요하다. 일본 '국가공무원법'의 처벌이 1년 이하의 징역이라는 것도, '자위대법'에서 '방위비밀'의 누설에 대한 처벌이 5년 이하의 징역이라는 것과 비교한다면, 가중加重해야 한다고도 생각했다.

한편 이번 법안은 적용대상을 업무로 비밀을 취급하는 공무원 등에 한정하지 않고, 이른바 스파이 행위와 테러방지에 관한 정보의 누설도 처벌한다고 하여, 그 대상이 광범위하다. 대상을 공무원 등에 한정하지 않고 국민 및 외국인 전체로 하는 '방첩법防諜法'의 성격을 갖게 된 것이다.

테러활동의 방지라는 관점에서 본다면, 미디어에서도 화제가 되었던 원자력 발전의 구조와 경비에 관한 정보뿐만 아니라, 철도·항공 등의 교통인프라 제어시스템이나 이용 상황에 관한 정보, 빌딩의 폭파테러를 고려한다면 특정 빌딩의 구조, 생물테러를 고려한다면 수도水道 등의 생활 인프라에 관한 정보와 병원病院 설비에 관한 정보, 혹은 개인에 대한 테러를 상정한다면 정부고관高官과 기업회장의 구체적인 행동예정마저 규제대상이 될 수 있다.

테러가 모든 것을 대상으로 하는 이상, 이 분야의 비밀을 특정하는 것은 본래 불가능하며, 특정 불가능한 내용의 정보를 처벌로 보호하는 것은 죄형법정주의罪刑法定主義의 관점에서 보아도 문제가 있기 때문에, 정보의 부당한 취득행위를 처벌하는 형태가 되고 있다. 그렇지만 국민의 일상생활을 표적으로 삼는 테러를 방지하기 위해서는, 정보누설을 단속할 것인가 아니면 테러행위에 대한 구체적인 가담행위를 단속할 것인가와 관련해서 어떤 것이 더욱 실효성이 있으며 민주주의 사회에 상응하는가를 중심으로 논의되어야 했다.

정부는 "일본에 비밀보호법제가 없기 때문에 외국에서 정보를 얻을 수 없다"라고 반복해서 주장했다. 그렇지만 필자의 경험을 되돌아보면 북한의 핵·미사일 실험과 이라크에서의 무장세력의 활동상황 등 국가의 위기관리에 관한 정보는 입수할 수 있었다. 필자가 방위청에서 정보본부 부본부장을 맡았던 무렵에도 미국과의 사이에서는 일상적으로 대량의 정보교환이 이루어졌다.

2007년 이지스함에 관한 비밀정보 누설이 발각된 이후에 미일 간에 이른바 '군사정보포괄보호협정(GSOMIA: General Security of Military Information Agreement)'이 체결되었다. 이때 필자는 미국 대사관과의 연락을 맡았는데, 미국에서 일본의 비밀보호법제에 대한 의견은 들리지 않았다. GSOMIA는 영국, 프랑스, 오스트레일리아, 나토NATO 등과도 체결되었다.

따라서 '비밀보호법이 없기 때문에 정보를 얻을 수 없다' 라는 인식은 필자의 실무감각과는 상반된다. 물론 정보를 다루는 자에게는 최소한의 규범이 필요하지만, 외국은 동맹국이라 해도 자국의 이익을 위해 정보를 건네주는 것이지, 상대국의 국내법을 고려해서 정보를 건네주는 것이 아니다.

입법취지로 든 '외국에서의 정보제공을 확실히 한다'라는 것이, 예를 들면 언제 어떤 정보가 일본의 법제상의 불비不備로 제공되지 못했는지를 설명하지 않는다면, 법률의 근거가 되는 '입법사실立法事實'의 증명이 되지 못한다.

또한 정부는 국회심의 중에 최근 15년간 정보가 누설되었던 사례를 설명했다. 이미 논했던 이지스함의 정보누설 외에, 현직 자위관自衛官이 돈과 맞바꾸어 러시아 대사관 관원館員에게 비밀정보를 건넸던 사안(2000년), 자위관이 중국 잠수함의 동향을 기자에게 전했던 사안(2008년), 센카쿠尖閣 앞바다에서의 중국 어선과 일본 순시선巡視船의 충돌 영상을 유출시켰던 사안(2010년)을 포함해 총 5건이 제시되었다.

이 가운데 어선 충돌영상은 형사사건의 증거이기 때문에 공개되지 못할 것으로 간주되었지만, 당사자인 중국인 선장이 본국으로 귀국해 공판유지가 불가능해진 상황에서 중국 선박의 일본 영해 침입영상이 매일같이 NHK의 뉴스로 보도되었던 것을 고려한다면, 국민에게 실태를 홍보하는 차원에서라도 공개해야 하는 것이었다.

또한 이지스함 정보의 누설은 자위대 교육과정에서 비밀 정보의 취급기준과 기억매체를 매개로 한 정보관리의 불비에서 기인하는 문제로, 의도적인 정보누설 사안은 아니다. 이런 것을 고려한다면, 실질적으로는 3건이라고 해야 할 것이다.

어쨌든 이러한 사안을 어떻게 평가할 것인가? 아베 총리는 "5건 가운데 중국 잠수함의 동향에 관한 사건 이외에는 특정비밀에 해당되지 않는다"라고 국회심의에서 논했는데, 종래의 수비의무守秘義務(비밀보호의무) 위반으로 형사사건이 된 건수가 15년 동안에 5건(실질적으로는 3건)이라는 것은 많은가 적은가, 특정비밀보호법이 있다면 방지했을 것인가, 이 법률이 있었다면 더욱 많은 사안을 적발할 수 있었는가의 여부가 입증되지 않는다면, 새로운 법률을 필요로 하는 '입법사실'의 설명이 되지 않는다.

'알 권리'와 주권자

이 법률을 둘러싸고 필자가 놀랐던 것은 여당의 유력 의원이 "국가의 안전이 없다면 국민의 알 권리도 지킬 수 없다"라는 취지의 발언이 보도되었기 때문이다.

도대체 국민의 '알 권리'는 무엇을 위해 있는 것인가? 주권자인 국민이 정부정책에 오류가 없다는 것을 검증하고 납득하기 위해서이다. 안전을 위해서 국민 개인의 자유가 제약될 경우가 있는 것은 인정하더라도, 표현의 자유와 그 전제가 되는 알 권리는 국민으로 하여금 주권자가 되도록 하기 위한 권리이며, 민주주의에서 양보할 수 없는 전제이다. 그 때문에 비밀보호법제를 갖고 있는 여러 외국은 시행착오를 통해 정부에 의한 자의적인 비밀지정을 감시하는 제도를 구축하는 등, 안전과 국민주권 사이의 균형을 잡기 위해서 애써 왔다. 그것은 정치가 책임져야 할 당연한 고뇌임에 틀림이 없다. "국가의 안전은 알 권리(즉, 국민주권)에 우선한다"라는 발언은 여당 정치가가 그와 같은 고뇌를 느끼지 않는다는 것을 가장 조잡한 형태로 표명한 것과 다름 없다.

이 점에 관해서 미디어의 비판은 초점이 빗나갔는데, 매일 국회 주변에서 벌어졌던 반대시위와 해외 미디어에 호응해 결국 비판적 보도가 이루어지게 되었다.

당초 일본 미디어는 기자의 취재활동이 이 법률로 제약받는 것을 문제시했기에, 국민생활과 이 법률의 관련을 바르게 인식했다고 말할 수 없다. 일부는 "친구나 가족과의 대화 가운데 특정비밀에 저촉되는 바가 있다면 체포된다"라는 등의 과장된 예시를 하기도 했다. 그렇지만 그와 같은 '계몽'으로는 "안전은 자유에 우선한다"라는 정부·야당의 조잡한 프로파간다에 대항할 수 없었다.

문제의 본질은 주권자인 국민이 '더욱 좋은 정치', '더욱 오류가 적은 정부'를 추구하기 위한 판단의 재료가 되는 정보에서 차단되는가의 여부이다.

정치보도의 존재이유도 거기에 있다. 보도의 가치는 정부의 정책결정의 근거를 명백히 하는 정책정보를 충분히 전달하고 있는가의 여부로 결정된다.

특정비밀보호법을 둘러싼 미디어의 뒤처진 모습은 미디

어가 민주주의 사회에서 자신의 사명을 자각하지 못하고 있다는 것을 보여주고 있다. 그것은 정치도 마찬가지이며, 민주주의 사회의 기반인 국민주권을 지킨다고 하는 기본적 사명에 대한 자각이 없는 것이다. 사명을 자각하지 못하는 미디어와 입법사실조차 명료하지 않은 법률이 제정되어 간다.

필자는 이 법률로 인해 '일본이 즉시 전전戰前과 같은 사회가 된다'라고 생각하지는 않는다. 그렇지만 이번 법안심의와 같이 입법사실을 검증하지 않는 국회심의와 그것을 자신의 사명으로 추구할 수 없는 미디어의 자세가 계속된다면, 국민주권을 원칙으로 하는 일본사회는 "국가가 국민에 우선한다"라는 기괴한grotesque 사회로 변모해갈 것을 예감할 수 있다.

아베 정권은 왜 서두르는가

2013년 가을, 필자가 미디어에게 받았던 또 하나의 질문은 과거에 법안으로 제출되었던 적이 있는 일본판 NSC는 그렇다고 해도, 왜 비밀보호법까지 서둘러서 통과시키고자 하는가라는 것이다.

집단적 자위권에 관한 논의에 대해서 당초 일본 정부는

연내에도 보안법제간담회의 보고서를 수용해 헌법해석을 변경할 방침이라고 전해졌는데, "여론의 동의를 얻기까지 때가 무르익지 않았다"라며 새해가 된 후에 개최되는 '통상국회' 시기까지 미루어지게 되었다. 비밀보호법에 대한 여론의 반발이 강해지는 가운데, 연립여당인 공명당公明黨의 저항이 예상되는 헌법해석의 재검토까지 뛰어들 수 있는 정치정세가 아니게 되었기 때문이다.

그렇지만 어쨌든 아베 정권이 서둘러서 일본판 NSC법과 특정비밀보호법을 성립시킨 것은 변함이 없다. 서두를 수밖에 없었던 이유는 새해가 된 후에 개최되는 통상국회는 아베 정권 최대의 세일즈 포인트인 경제정책의 당부當否를 결정하는 정부예산안, 그리고 자민당 내의 반발도 예상되는 TPP를 둘러싼 논의가 초점이 될 것으로 예상되는 상황에서, 그 전에 적어도 이 두 법률을 통과시키지 않으면 안 된다고 판단했기 때문이다. 아베 정권이 강행채택이라는 수단을 사용하면서까지 비밀보호법의 성립을 서둘렀던 이유는 여기에 있다. 이에 따라서 남은 과제는 '집단적 자위권을 둘러싼 해석개헌' 한 가지로 좁혀졌다.

일본판 NSC에 의한 관저의 정보독점, 특정비밀보호법에 의한 정책 프로세스의 비공개로 정권 측에 안보 정책에 관한 백지 위임장을 부여하는 제도가 완성된다. 이를 통해 지향되는 정책은 집단적 자위권에 의한 '자국방위의 필요를 초월한 무력의 행사'이다. 두 가지의 법률과 이 정책은 이른바 '안보판安保版 아베노믹스 세 가지의 화살'이라고 말할 수 있다.

이것은 모두 제1차 아베 정권이 제기했던 과제다. 제1차 아베 정권 시기에 미국은 전 세계적인 규모의 테러와의 전쟁이 한창이었고, 세계질서의 구축이라는 세계관을 공유하는 '유지有志연합' 국가들에 대해 가세加勢해줄 것을 요구했다. 고이즈미 정권은 인도양과 이라크에 자위대를 파견해 이러한 요청에 응했는데, 집단적 자위권에 대해서는 그 행사를 부정했다. 고이즈미 총리는, 집단적 자위권을 인정한다면 해석개헌이 아니라 헌법개정에 의해야 한다면서, 자신의 내각에서는 행하지 않겠다는 것을 분명히 말했다.

고이즈미 정권을 인계한 아베 정권은 대테러전쟁을 축으로 미일美日 동맹을 총리의 지도력에 의존하는 것에서 제도로서 확립된 것으로 전환하고자 했다는 것은 앞서 설명했는데, 제기된 이러한 세 가지 과제는 당시 상황을 감안해서 살펴보았을 때 타당한 것이었을까?

기구 방면에서는 일본판 NSC로 미국과의 의사소통을 도

모하고, 정보 방면에서는 비밀보호의 강화로 미국에서의 정보제공을 확실한 것으로 하며, 작전 방면에서는 헌법해석의 재검토로 대량파괴무기의 확산저지와 대테러전쟁에 적극적으로 협력한다. 이와 같이 본다면, 세 가지 방침은 당시 미국의 세계전략에 합치하는 것이었다고 말할 수 있다.

나아가 제1차 아베 정권에서 논의되었던 집단적 자위권의 행사 등이 상정되는 네 가지 유형을 살펴보도록 하겠다. '근방近傍에 있는 미 군함 호위'는 인도양에서 일본 자위대의 미 함선에 대한 해상급유 시를 상정하고 있으며, '미국을 향하는 미사일의 요격邀擊'은 북한 미사일의 장사정화長射程化를 의식한 것이었다. 또한 '국제평화 협력활동에서 타국 군대의 방호', '타국 군대의 전투행위와의 일체화'는 모두 다 이라크로 자위대를 파견하는 과정에서 논의된 주제이며, 전후 인도부흥人道復興 지원에 한정되지 않는 글로벌한 대미 협력을 지향하는 함의가 있었다.

결국 아베 총리가 실현을 지향한 '세 개의 화살'은 모두 2007년 당시의 국제정세와 미국의 세계전략에서 구상되었던 것이다. 그렇지만 오늘날 국제정세는 크게 변했고, 미국의 세계전략도 바뀌었다. 지금으로부터 7년 전의 구상이 아직까지 유효할 수 있는지에 대해서 질문하지 않을 수 없다.

'그렇게 하고 싶으니까 한다'

아베 총리는 헌법해석을 재검토하는 현재적 의의, 그 이유를 어떻게 설명하고 있을까? 단적으로 말해 "지금은 그어떤 국가도 한 국가로는 방위할 수 없는 시대가 되었다"(2월 10일 중의원衆議院 예산위원회에서의 답변)라는 것이다.

그러나 일본은 전후 일관되게 '미일 안보체제'에 의존하는 방위정책을 채택했다. 냉전 시대에도, 국제테러의 시대에도, 중국이 군사적으로 대두하고 있는 오늘날에도, 일국一國으로 방위를 완결하려고 생각했던 일은 없었다.

일본이 무력공격을 받을 경우에는 미국의 지원을 받는다. 그것은 미국의 집단적 자위권, 일본에서의 개별적 자위권의 문제이다. 따라서 일본의 방위를 목적으로 했던 일본의 집단적 자위권 행사라는 논리는 성립되지 않는다. 그렇다면 정확하게 '일본의 방위를 위해서'가 아니라 '미국조차 일국으로는 방위할 수 없다'라고 말하지 않으면 안 되는 것임에 틀림이 없는데, 아베 총리의 발언은 어떻게 보더라도 일본의 입장만을 말하고 있다.

'안보판 아베노믹스의 세 가지 화살'은 논의할수록 모두 목적이 불명확하다. 거기에서 '아베 총리는 무엇을 하고자 하는 것인가?'라는 질문으로 돌아간다면, (그 답변은) '아직 공개하지 않은 이유가 있다'에서 '국제정세의 변화'를 탓하는 것까지 여러 가지로 설명하지만, 이로 인해 다양한 모순이 발생한다. 아베 정권의 안보 정책에 추상성·비논리성, 조금 더 직설적으로 말하자면 일종의 수상한 느낌이 따라다닌다.

다음으로 제기되는 문제는 아베 총리가 '그렇게 하고 싶다'라고 생각하는 이유이다. 아베 총리는 2004년 출판된 『이 국가를 지키는 결의この国を守る決意』 중 오카자키 히사히코岡崎久彦(전임 타이 주재 일본대사)와의 대담에서 "조부 기시 노부스케는 미일안보조약의 쌍무성雙務性을 제고시키기 위해 1960년 안보개정을 행했다. 그것은 조부 시대의 빠듯한 노력의 결과"라고 말한 뒤, 다음과 같이 논하고 있다.

우리의 세대에는 새로운 책임이 있다. 그것은 미일안보조약을 당당한 쌍무성으로 하는 것이다.

오늘날 헌법해석 아래에서 일본 자위대는 미국이 공격받을 때 피를 흘리는 일은 없다. 그러한 사태의 가능성은 대단히 적은데, 그렇다면 완전히 동등한 파트너equal partner라고 말할 수 없다.

달리 말하자면 미국과 '피를 흘리는 것'에서 대등한 '혈맹 血盟'의 구축이며, 그것으로 미국에게도 할 말은 할 수 있는 관계가 된다는 것이다. 이것은 대단히 추상적이며 군사적으로는 비현실적이지만, 적어도 일본의 안전과 세계의 평화 등의 정책 목적과는 동떨어진 논리에서 나온 발상이라는 것을 알 수 있다.

피를 흘린다는 것은 자위대원의 목숨을 잃게 되는 것을 의미한다. 필자는 자신의 생명을 위험에 내어놓지 않는 입장의 인간이, 일본 자위대원의 목숨에 관계되는 말을 가볍게 입에 담는 것에 분노를 금하지 않을 수 없다. 그렇지만 여기에서는 아베 총리가 쌍무성을 제고시킴으로써 '완전히 대등한 파트너'가 되고, 미국에 무엇을 주장하고자 하는지 생각해보고자 한다. 그것은 과연 자위대원의 목숨을 위험에 노출시키더라도 말해야만 하는 것일까?

결론적으로 말해 그것은 역사인식의 재검토, 즉 도쿄재판이라는 전승국戰勝國에 의한 일방적인 단죄를 받아들인 '자학사관自虐史觀'의 부정이며, 나아가서 일본을 파멸로 유도했던 제2차 세계대전에서 패한 역사를 리셋reset하려는 것이다. 그것이 오늘날의 세계에 통용되는 것인지, 그리고 일본의 안전보장상 유익한지에 대해 문제 삼지 않을 수 없다.

제2장

아베 정권의 특질

중국의 강경한 자세와 일본의 실패

아베 정권의 안보 정책을 근본부터 검토하기 위해서, 이제부터 아베 정권은 어떠한 정권인지 그 특질을 살펴보도록 하겠다.

2012년 12월 총선거에서 자민당自民黨이 압승해 아베 정권이 탄생했다. 당시 아베의 선거 캠페인에서는, 민주당民主黨 정권의 '저자세'가 중국에 잘못된 신호sign를 보냈고 센카쿠를 둘러싼 위기를 초래했다고 선전했다. 아베는 공무원을 상주시키는 등 중국에 강한 자세를 취함으로써 센카쿠를 지키는 것을 공약으로 내세웠다.

확실히 민주당 정권의 대중 외교는 일관성을 결여했다.

하토야마鳩山 정권 시기에는 오자와 이치로小澤一郎를 중심으로 하는 '의원議員 그룹'이 대거 베이징을 방문하는 한편, 그 1년 후에는 일본 해상보안청海上保安廳 소속 순시선에 고의로 충돌한 중국 어선의 선장을 기소하는 강경한 자세를 보였다. 그렇지만 그 자세를 견지하지 못하고, 중국 어선 선장을 아무런 조건 없이 석방하고 신병을 중국 측에 인도했다. 2012년 9월의 '센카쿠 국유화'는 후진타오胡錦濤 주석의 반대를 무릅쓰고 각의閣議 결정했지만, 이것도 중국 측의 내부 상황을 이해하지 못하고 지도자의 체면을 깎는 형태로 실행되었다. 어쨌든 중국 측에서 본다면, '일본이 강경자세로 전환했다'라고 비추어진 대응이었다.

그런데 중국이 강경한 자세로 전환할 조짐은 그 이전부터 있었다.

2008년 12월, 중국의 공선公船인 '해감海監' 2척이 처음으로 센카쿠의 일본 영해에 침입했다. 그해 10월에는 중국 해군 구축함 4척이 쓰가루津輕 해협을 통항通航했다. 2008년이라고 하면, 5월에 후쿠다 야스오福田康夫 총리와 후진타오 주석 간에 '중일의 전략적 호혜관계의 포괄적 추진에 관한 공동성명'의 서명이 이루어지고, 6월에는 동중국해 가스전의 공동개발이 합의되었던 해이다. 중국의 중앙과 현장에서의 이러한 모순된 대응은 중국 내부에서 외교노선을 둘러싸고 대립이 존재한다는 것을 의미했다.

중국 전문가 사이에서는 중국은 2009년 전후부터 기존의 '도광양회韜光養晦(재능을 숨기며 때를 기다리는 것)'의 자세를 버리고, 국력과 군사력을 배경으로 대국으로서 자기주장을 주저하지 않게 되었다고 말하고 있다.

2008년에 일어난 일련의 사건은 동요하던 중국의 노선이 강경자세로 변하고 있다는 것의 표현이었다. 거기에 민주당 정권의 일관성 없는 치졸한 외교의 실패가 겹쳐져 사태를 혼란시켰다. 오늘날 센카쿠를 둘러싼 중일 대립의 원인은 중국의 강경노선으로의 전환이 주된 원인이며, 일본 외교의 실패가 이것을 부각시켰다고 말할 수 있다.

따라서 센카쿠 문제는 단순히 일본이 저자세였기 때문에 발생한 것도 아니고, 고자세였다고 해결했을 일도 아니다. 그것은 쌍방의 민족주의의 발로이며, 정치에서 국민에게 호소하기 쉬운 주제theme이기 때문에, 단순한 선동이 양국에 파괴적인 충돌을 초래할 수밖에 없는 위기인 것이다.

포퓰리즘

아베 정권은 원래 고이즈미 준이치로 정권의 '극장형 정치'(단적으로는 '포퓰리즘populism'이라고 말해야 하지만)의 흐름을 인수한 정권이다. 포퓰리즘은 미디어와 인터넷 등의 공간을 사용한 '극장'에서 알기 쉬운 '적'을 설정하고, 그 '적'을 혼내주는 '영웅'을 연출해 대중을 도취시킨다. 요구되는 것은 논리가 아니고, 감정에 호소하는 것이다.

고이즈미가 설정한 적은 경제 영역에서는 '기득권익에 대해 고집을 세우는 저항세력', 안전보장 방면에서는 '테러리스트'였다. 민주당 정권은 '낭비하는 관료'를 적으로 삼았다.

그리고 아베의 경우, 경제 방면에서는 무진장의 통화공급money supply에 저항하는 '일본은행日銀'을 디플레이션의 탈각脫却이라는 기치 아래에서 표적으로 삼고, 안전보장 방면에서는 '중국' 및 일본의 군사적인 자유를 속박하는 '헌법'을 목표로 정했다.

제1차 아베 정권이 성립된 2006년 가을, 아베 총리는 첫 번째 방문국으로 중국을 선택했다. 고이즈미 총리의 야스쿠니靖國 참배를 둘러싸고 냉각된 중일 간의 정치관계를 다시 정립할 필요가 있었다. 아베의 방중으로 중일 관계는 개선으로 향한다. 아베는 후진타오 주석과 센카쿠 등의 대립점을 보류하고, 공통의 이익에 기초한 '전략적 호혜관계'에 대해서 실질적으로 합의했다.

이것은 아베가 원래 중국과의 대결을 장기적인 과제로 삼지 않았다는 것을 보여주고 있다. 역사인식을 둘러싼 지론持論을 양보할 속셈은 아니었다고 하더라도, 과거의 문제가 현재의 이해관계에 우선하지는 않는다는 것을 전제로 해 양국의 양호한 관계를 유지하는 가운데, 언젠가 역사인식을 둘러싼 상극相克이 해결되는 것을 기대했을지도 모른다. 그렇지만 그로부터 7년 후, 정권탈취를 위해 센카쿠라는 절호의 재료가 있었다. 아베의 자민당은 그 재료를 최대한으로 이용해 정권탈취에 성공했다. 중국을 표적으로 결정한 이상, 중국과의 타협은 정권의 정통성에서 있을 수 없는 선택이 된다.

총리 취임 후, 아베는 "대화의 창은 열려 있다"라며 중국에 대해서 무조건적 대화를 호소했다. 그렇지만 2013년 7월 참의원 선거를 앞두고 개최된 당수黨首 토론회에서 "중국은 센카쿠에 관한 영토문제의 존재를 인정하는 것이 대화의 조건이라고 말하고 있다"라며, 수면 아래의 외교 교섭 중에 상대방의 주장을 공개하며 상대방을 비난했다.

정상회담을 행하고자 한다면, 그 전제가 되는 조건과 의제를 둘러싼 흥정이 존재한다는 것은 당연하다. 거기에서 상호의 본심과 의도를 탐색하는 것이 본래의 외교라고 생각하는데, 일방적으로 상대방의 본심을 공표하는 것은 교섭을 스스로 결렬시키는 행위이며, 경우에 따라서는 '특정 비밀의 누설'에도 해당할 수밖에 없다.

아베 총리의 행위는 무조건적인 정상회담을 호소하고 있지만, '센카쿠를 둘러싼 영유권 문제가 존재하지 않는다'라는 '이쪽'의 조건을 내밀고 있을 뿐이며, 사실상 정상회담을 거부하고 있는 것과 다름 없다.

제2차 세계대전 이후 일본의 안보 정책

여기에서 전후 자민당 정권의 안보 정책을 살펴보도록 하겠다. 전후 일본은 독립을 회복할 때 평화헌법을 받아들이고, 안전보장을 미국에 의존하면서 경제부흥을 우선하는 방침을 취했다. 그 때문에 미군기지와 주민 간 마찰 등의 불씨를 안게 되었으며, 또한 '미국의 전쟁에 휘말려든다'라는 비판을 야기하게 되었다. 동시에 보수층에서는 '진정한 독립국으로서 자주적인 방위태세를 강화해야 한다'라며 헌법

개정의 주장이 강하게 제기되어, 좌우 양면에서 '미국에의 종속'에 대한 비판이 표출되었다.

그렇지만 냉전하의 역대 자민당 정권은 압도적인 소련의 위협 앞에서 미국에 의존하는 것 외에 다른 선택지는 없었고, 헌법 개정 및 군사적 자립이라는 노선을 취하지 않았다.

기시 노부스케 정권은 미일안보조약을 개정하고, 기지 제공과 미국에 의한 일본방위의무를 양립시킴으로써, 미일 간 불평등의 해소를 도모했다. 사토 에이사쿠佐藤榮作 정권은 점령하에 놓여 있던 오키나와沖繩를 일본에 복귀시킴으로써 영토적 자립을 실현했는데, 그것은 핵 반입을 포함하는 기지의 자유사용이라는 밀약 위에서 성립되었다. 이것은 오키나와에서 기지 문제를 방치하는 것과 함께, 전략 방면에서의 자립을 포기한다는 대가代價를 수반한 것이었다.

'미소 데탕트'라고 일컬어진 1970년대 후반, 1980년대에는 냉전의 대립이 격화되었다. 나카소네 야스히로 정권은 일본을 서방측 진영의 일원으로 규정하고, 소련 극동함대가 태평양으로 진출하는 경로, 즉 소야宗谷·쓰가루津輕·쓰시마對馬 세 해협을 포함하는 일본 주변 해협과, 유사시 미군의 지원 루트를 지키기 위해 '1000해리 해상교통로sea lane 방위'를 강조했다. 이것은 기지뿐만 아니라 작전 차원에서도 일본의 방위력을 미국의 태평양 전략에서 불가결한 요소로 하고, 일본의 방위력을 '자주적인 선택'으로서 미국의 전략에 동조시킨 의미를 지니고 있었다.

방위청 장관 시절 나카소네는 일본을 '비핵非核 중급 국가'로 묘사했는데, 후에 총리로서 일본의 방위력을 미국의 전략에 동조시킴으로써 그 국가상國家像을 더욱 선명하게 했다.

냉전이 종식되고 1990년에 이라크의 쿠웨이트 침공을 발단으로 하는 걸프위기가 발발하자, 국제사회에서 일본의 새로운 역할이 모색되었다. 일본은 총액 130억 달러에 달하는 '전비戰費'를 부담했는데, 그때까지의 주일 미군에 대한 기지 제공과 1970년대 말에 시작된 주둔경비 부담만으로는 세계적 규모의 '미국에 의한 평화'의 대가로는 균형이 이루어지지 않고 있다는 인식이 배경에 있었다.

1992년 미야자와 기이치宮澤喜一 정권은 대미 협력이 아니라 유엔 협력이라는 문맥 가운데에서 평화유지활동(PKO: Peace Keeping Operation) 5원칙(① 정전합의, ② PKO 수입受入 동의, ③ 중립, ④ 조건이 없어진 경우의 중단·정지, ⑤ 자기방위를 위한 무기사용)에 의해 헌법과의 정합을 도모하면서, 유엔 PKO에 대한 참여를 선택한다.

북한의 핵개발이 밝혀지고, 한반도 정세가 긴박해지자

출동하는 미군을 지원하지 않는다면 미일 동맹이 붕괴한다는 위기감 아래, '소련으로부터 일본을 지키고, 아울러 미국의 세계전략에 공헌한다'라는 문맥을 초월한 새로운 동맹의 의의意義 부여가 필요해졌다. 하시모토 류타로橋本龍太郎 정권은 일본 유사가 아닌 '주변사태'에서 동맹협력을 모색하고, '미국의 무력행사와 일체화하지 않는다'라는 논리로 헌법과의 정합성을 도모하면서 '미일방위협력을 위한 지침(신 가이드라인)'의 재검토를 행했고, 오부치 게이조小渕惠三 정권에서는 주변사태법을 성립시켰다. 이것으로 미일 동맹은 일본뿐만 아니라 아시아 지역의 안전보장에서 협력이라는 의의 부여를 주고받게 되었다.

동시에 하시모토 정권은 냉전 이후에도 아시아에 10만 명의 병력을 유지한다는 미국의 방침과 정합하는 형태로 기지를 안정적으로 존속시키기 위해, 후텐마普天間 기지의 이설移設을 중심으로 하는 오키나와의 기지에 대한 부담 경감에 착수하게 되었다.

2001년 9·11테러의 발생을 계기로 미국이 세계적인 대테러전쟁에 나서게 됨으로써, 국제테러와 대량파괴무기 등의 '공통의 위협'에 대한 일본의 대응이 문제가 되었다. 고이즈미 정권은 '미국의 무력행사와 일체화하지 않기' 위한

'비전투 지역 개념'을 사용한 입법(이른바 '테러특조법特措法', '이라크특조법')으로 인도양에서의 급유활동, 이라크에서의 전후 부흥지원을 행하고, 미국의 세계질서에 협력하는 글로벌한 동맹으로서 일본의 역할을 수행했다.

이러한 경위를 돌이켜 보면, 전후 자민당 정권의 안보 정책은 미국과의 대등성對等性이라는 국내의 요구를 경제부흥, 안보조약의 개정, 오키나와 반환 등의 형태로 관리하면서, 전략·작전 방면에서는 헌법의 틀 안에서 미국의 요청에 가능한 한 부응하는 방침으로 일관했다고 말할 수 있다.

미국의 세계적 대테러전쟁을 계기로 한 동맹의 글로벌화는, 당연하지만 '동맹의 비용'을 증대시켰다. 일본은 종래의 기지 부담, 경비 부담에 더해 병력상의 부담까지 요구받게 되었다. 또한 대테러전쟁의 출구전략이 보이지 않는 가운데, 어디까지 부담하는 것이 동맹의 요구에 부응하는 것인지, '동맹피로'라고 부르는 피로감이 생겨났다.

두 개의 꿈꾸는 정권

미일 동맹을 포기한다는 선택지가 있을 수 없는 이상, 동맹피로를 치유하는 방책은 두 가지로 생각할 수 있다. 그것은 동맹유지의 비용을 감소시키는 것, 혹은 증대하는 비용에 걸맞은 보수報酬를 받는 것이다.

자민당을 대신해 정권을 잡은 민주당의 하토야마 유키오鳩山由紀夫 총리는 전자의 길을 선택했고, 후텐마 이설에 대해서 '최소한 현외縣外'를 공약으로 내세웠다. 동시에 하토야마는 동아시아공동체 구상을 내세우고, 파워 폴리틱스power politics에 의존하지 않는 안보전략을 모색했다. 그렇지만 그것은 현실의 구체적 수단을 동반하지 않았기 때문에 '꿈꾸는 자유주의자liberalist'라고 해야 할 전략성이 없는 전략이었다.

노다 요시히코野田佳彦 총리는 미일 동맹 기축基軸을 다시 내세우고 동맹 관계의 수복修復에 노력했는데, 그것은 본질에 있어서 구래舊來의 자민당 정권 노선을 답습하는 것밖에 되지 않았다. 민주당은 국민으로부터의 지지의 원천이었던 '꿈'을 말하는 것마저 하지 못했고, 당연히 선거에서 대패했다.

한편으로 다시 정권을 잡은 아베는 후자의 길을 선택했다. 즉, 미국과의 군사적 쌍무성을 적극적으로 추구하고 미국과의 대등한 관계를 구축함으로써 대국으로서의 일본을 '되돌린다'라는 '보수報酬'를 요구하는 파워 폴리틱스로의 전환이다.

이러한 파워 폴리틱스는 매파라고 일컬어진 나카소네 총리를 포함한 역대 자민당 정권이 노골적으로 추구하기를 피했던 수단이다. 이 수단을 선택한다면 헌법에 정면으로 도전할 필요성이 생긴다. 그런 점에서 아베 정권은 역대 자민당 정권과는 명확하게 다른 지향성을 가지고 있는 이질적인 정권이다.

그리고 뒤의 장章에서도 말하겠지만, 아베 정권은 현실 가능성이 없는 국가목표를 추구하고 있다. 이를 하토야마 정권과 대비해서 말하면 '꿈꾸는 파워 폴리틱스'라고 불러야 할 것이다.

미국의 근심

아베 총리가 두 번째로 정권을 장악한 이후부터 필자는 "아베 정권에 대해서 한 가지 정도는 평가해야 할 점이 있는 것은 아닌가?"라는 질문에 대해서, "야스쿠니 참배를 참고 있는 것이다"라고 대답했다. 그렇지만 2013년 말, 정권 발족 1주년을 계기로 아베 총리는 야스쿠니에 참배했다. 그것은 '지난 정권에서 최대의 숙원'을 해소하는 것이며, '아베 지지자'의 비원悲願이기도 했다.

가장 먼저 반응한 나라는 미국이었다. 미국은 정부로서 아베 총리의 야스쿠니 참배에 '실망'을 표명했다. 이것은 미국 정부뿐만 아니라 미디어, 싱크탱크를 포함한 미국의 지적知的 서클의 다수 의견이라고 말해도 좋다.

정권 발족 초기, 일본에 대한 미국의 최대 우려는 중참衆參의 '네지레ねじれ' 국회' 아래에서 총리가 매년 교체되고 안정된 정책을 내세울 수 없는 것에 있었다. 따라서 선거에서 대승한 아베 정권에 대해서는 안정적인 정권으로 경제재생을 주도할 것을 기대했지만, 한편으로 역사의 재검토를 주장하는 매파적 경향이 아시아의 긴장을 높이고, 미국의 국익을 훼손하는 것은 아닌가 하는 우려도 갖게 되었다.

또한 센카쿠 문제도 미국의 우려를 더욱 심화시켰다. 아베 총리는 최초의 방미를 앞두고 있던 2013년 2월 3일, 미군 기관지인 ≪성조기 신문(Stars and Stripes)≫에 '무인의 바위(센카쿠를 말함)'를 위해 우리가 휘말려 들지 않게 해달

---

* 네지레는 일본어로 '꼬임', '뒤틀림'을 의미한다. 일본의 국회는 중의원과 참의원의 양원제인데, 이른바 '네지레 국회'란 중의원의 다수당과 참의원의 다수당이 다른 경우를 의미한다. _옮긴이 주

라는 논평이 게재되었다. 같은 해 5월, 미국 의회 조사국의 보고서는 "미국은 센카쿠를 둘러싼 일중의 분쟁에 직접 휘말려 들 가능성이 있다. 아베 정권의 역사문제에 관한 발언과 행동은 미국의 국익을 해치는 방식으로 지역을 혼란시킬 것이라는 우려를 낳고 있다"라고 논했다. 또한 같은 달, 카네기 국제평화재단 보고서에서는 "미국의 패권이 중국에 의해 서서히 침식되고 있는 (상황에서) 최대의 리스크는, 예를 들면 도서島嶼를 둘러싼 일본과의 최근 항쟁과 같이, 한정적인 대립이 우발적으로 격화escalate되는 것이다"라고 지적했다.

역사인식과 센카쿠 문제는 아베 정권에 대한 미국의 일관된 우려사항이었다. 아베는 종전終戰기념일 참배를 보류했는데, 2013년 10월 미일방위·외교수뇌 협의(2+2)를 위해 일본을 방문한 켈리John Kelly 국무장관과 헤이글Chuck Hagel 국방장관은 미국 각료로는 처음으로 지도리가후치 전몰자묘원千鳥ヶ淵戰歿者墓苑에 참배했다. 수백 미터 앞에 야스쿠니 신사가 있는데, 일본 각료가 참배하는 알링턴 국립묘지 Arlington National Cemetery와 동등한 시설은 야스쿠니가 아니라 지도리가후치라는 미국의 인식을 보여주는 메시지였다.

두 각료는 일본의 집단적 자위권 행사 검토를 환영하고

가이드라인의 재검토에 합의했지만, 지도리가후치 참배는 그 전제로서, 역사인식에 관해 일본이 긴장요인이 되지 않도록 다짐을 하는 의미가 있었다고 말할 수 있다.

미국에서 아시아를 볼 때, 허용할 수 없는 것이 두 가지 있다. 그것은 러시아이든 중국이든 일본이든 이 지역에 강대한 패권국이 출현하는 것, 나아가 자신이 의도하지 않는 전쟁이 시작되어 이것에 휘말려 드는 형태로 개입하게 되는 것이다. 어쨌든 미국의 최대 국익인 자유로운 경제질서를 유지하기 위해서 아시아의 균형을 유지하는 역할을 자인自認하는 것은 강대국으로서 당연하다.

그 때문에 미국은 일본의 군사능력 강화에 대해서 이른바 본능적으로 환영과 경계를 함께 지니고 있다. 아베 총리가 군사적 역할의 증대를 통한 '미국과의 대등한 파트너십'을 추구할 때, 그것이 미국의 뜻에 따른 형태로 실현하는 한에서 바람직하지만, 미국으로부터의 자립이라는 계기를 갖는 한 경계하지 않을 수 없게 된다.

이에 더해 도쿄재판의 부정을 포함한 역사인식의 문제는 동맹국인 일본과 한국의 제휴를 방해하는 요인임과 동시에, 미국을 자유세계의 리더로 만들었던 제2차 세계대전에서의 미국의 승리와 정통성의 부정으로 연결되는 문제이기도 하다.

그럼에도 아베 총리는 야스쿠니 참배를 강행했다. 아베 정권은 중국의 방공식별구역ADIZ 설정 이후, 미국이 대중 자세를 경화硬化시키고 있는 것, 또한 오키나와 현이 헤노코辺野古 매립신청을 승인해 후텐마 이설이라는 대미對美 공약에 대해 미국의 강렬한 반발은 없다는 분석이 있었는지도 모른다. 그렇지만 미국의 우려는 그러한 눈앞의 상황에 좌우될 정도로 피상적인 것은 아니었다.

해결할 수 없는 문제

이리하여 아베 총리의 비원이며, 그를 지지하는 그룹에게도 상징적으로 중요한 과제였던 야스쿠니 참배는 정책의 최대 지주支柱인 미국과의 모순을 현재화시켜, 정권유지의 지주인 여당 및 공명당으로부터 반발을 초래했다.

아베 총리가 본래의 '아베 색깔'을 내지 않게 되면 강고强固한 지지층의 실망을 초래하고, '아베 색깔'을 내게 되면 미국과의 연립 파트너십 사이에 모순이 표면화되지 않을 수 없는 것이 아베 정권이 안고 있는 구조적 취약성이다.

아베 총리는 야스쿠니 참배에 대해서 자신의 성명을 내

고, "항구恒久평화를 위해 참배했다. 중국, 한국 사람들의 기분을 상하게 할 계획은 아니며 오해받고 있다", 또한 "국가를 위해 목숨을 걸었던 영령英靈에 조의弔意를 표하는 것은 그 어떤 국가의 리더도 행하고 있는 당연한 행위이다"라는 취지를 논했다.

이 경우 '리더로서 당연한 행위'가 비판받는 원인은 틀림없이 그 리더가 지닌 과거의 전쟁에 대한 평가에 있으며, '무라야마村山 담화'의 의미에 대해서 "침략의 정의定義는 학술적으로도 국제적으로도 정해져 있지 않다"(2013년 4월 23일 참의원 예산위원회에서의 답변)라는 인식을 지닌 리더의 행위이기 때문에 비판받고 있는 것이다.

"타국에게 이러니저러니 할 수 없다"라는 인식인지도 모른다. '야스쿠니'는 특별히 일본인의 과거 전쟁에 대한 자세의 문제이기 때문이다. 타국의 비판을 개의치 않더라도, 그 결과 발생하는 외교적 곤란을 자신이 책임지고 해결한다면 좋다고 말할 수도 있다. 그렇지만 그것은 많은 전몰자 유족을 위시한 일본 국민의 목소리를 무시해도 좋다는 것은 아니다.

아베 총리의 변명은 일견 진지한 자세처럼 보이지만, '상대가 오해하고 있다'라는 것은 '자신은 바르다'라는 것이다.

'리더로서 당연한 행위'이기 때문이다. '자신은 바르다'라는 인식에 의문을 품지 않는 것은 상대의 '오해'가 어디에서 발생하고 있는가를 이해하려고 하지 않는 오만함의 표명이기도 하다.

이것이 의미하는 것은 아베 정권이 안고 있는 미국과의 모순이 아베 정권에서는 해결될 수 없다는 역설과 다름 없다. 집단적 자위권의 행사 용인이 실현된 이후에 아베 총리는 '항구평화를 맹세하기 위해서도' 다시 한 번 야스쿠니에 참배하지 않으면 앞뒤가 맞지 않는 것이다. 그것은 미일 간의 신뢰관계가 붕괴하는 순간이 된다.

제3장

헌법해석과 안보 정책

입헌주의와 해석개헌

입헌주의立憲主義란 인권을 담보하고 정부의 무제한적 권력행사에 제동을 걸어, 주권자의 의사에 기초한 사회질서를 형성하기 위한 근대 '민주주의 사회'의 근본 원리이다. 한마디로 말해서, 정부 권한의 한계를 헌법으로 상정하는 것이다. 따라서 정부의 해석으로 헌법 내용을 변경하는 것은 기본적으로 허락되지 않는다.

한편, 헌법 규정 그 자체에 구체적인 해석의 여지가 남고, 사회발전과 기술진보로 그 의미 및 내용을 응용적으로 유추·확대할 필요가 발생한다. 문제는 그러한 해석과 의미 및 내용의 다양화와 관련된 대응에 어떤 한계가 있는가이다.

인권에 관한 새로운 해석을 행정으로 보호하는 것은 당연히 행해지지 않으면 안 된다. 그렇지만 국민의 권리와 국가의 장래상將來像에 관한 문제로 정부 권한을 확대할 경우, 정부의 자의적인 해석은 허용되지 않는다. 그것이 입헌주의의 기본적인 요청이다. 정부가 이제까지 스스로 억제하는 것으로 정해왔던 '집단적 자위권의 불행사不行使'와 같이, 전쟁과 평화의 선택에 관련된 판단기준을 정부의 자유도自由度를 높이는 방향으로 스스로 변경하는 것은 허락되지 않는다. 여기에 정부에 의한 헌법해석의 한계가 있다. 집단적 자위권에 관한 헌법해석의 재검토를 주장하는 사람들의 논리는 다음과 같다.

헌법개정이 바람직한데, 그렇다면 절차에 시간이 걸린다. 대응해야 할 위기에 직면해 적시適時에 국민의 안전을 지켜야 하는 정부의 책임을 다할 수 없다.

만약 실제로 그 정도의 긴급성이 있다면 하루라도 빨리 국민에게 호소하고 헌법에 정해진 헌법개정의 절차를 시작하는 것이 '정부의 책임'이다. 그러한 호소가 설득력이 있다면, 국민의 합의를 얻는 것이 곤란하다고 생각하지 않는다.

그러한 정직한 절차를 취하지 않는 것은 '주권자인 국민의 양식良識을 신용하지 않는다'라고 말하고 있는 것과 같다.

아베 총리가 우인友人과의 회합에서 "이 2년 동안 일중 간에 군사상의 균형이 완전히 무너졌다"라고 말했다는 보도가 있다(≪아사히신문朝日新聞≫, 2013.4.26). 그 설명이 합리적이며, 안전이 위협받고 있는 사태가 헌법개정으로 실제로 회피될 수 있다면, 2년 내에 헌법개정을 행하는 것은 가능하며, '위기에 직면해 적시에 대응하지 못하는' 상황은 없을 것이다.

통치행위론

정부가 집단적 자위권에 관한 헌법해석을 변경하는 것이 가능하다는 논거 중 한 가지는 1959년의 이른바 '스나가와砂川 사건 판결'에서 제시되었던 '통치행위론'이다. 이것은 미일안보조약에 기초해 미군의 주둔이 헌법 제9조 제2항의 전력戰力의 불보지不保持에 위반하는가의 여부를 둘러싸고 논쟁이 일어났던 사건이다.

이 사건에서 최고재판소는 "일미안보조약은 주권국인 우리나라 존립의 기초에 대단히 중대한 관계를 갖는 고도의 정치성을 갖고 있다"라며, "조약을 체결한 내각 및 이것을 승인한 국회의 고도의 정치적 또는 자유재량의 판단"과 표리일체表裏一體라고 했다. 그리고 "명백하게 위헌 무효라고 인정되지 않는 한, 재판소의 사법심사권한 외의 것이며 …… 종국적으로는 주권을 갖고 있는 국민의 정치적 비판에 위임해야 하는 것이다"라는 사고방식을 제시했다.

또한 한 판사(다나카 고타로田中耕太郎)는 보충의견으로 "자위自衛는 국가의 가장 본원적인 임무와 기능"이며, "방위력의 규모 및 충실의 정도나 어떠한 방책을 선택할 것인가의 판단은 …… 그때그때의 세계정세와 그 밖의 사정을 고려하고, 정부의 재량에 포함된 순수하게 정치적 성질의 문제이다"라며, 국가는 "국민에 대한 의무로서 자위를 위해 어떤 필요 적절한 조치를 강구"하지 않으면 안 되는 대원칙이 있다고 논했다.

나아가 "한 국가가 침략에 대해서 자국을 지키는 것은 동시에 타국을 지키는 것이 되며, 타국의 방위에 협력하는 것은 자국을 지키는 바이기도 하다. …… 오늘날은 여전히 엄격한 의미에서 자위의 관념은 존재하지 않으며, 자위는 즉 '타위他衛', 타위는 즉 자위"이며, "자국의 방위이든지, 타국의 방위에의 협력이든지 각국은 이것에 대해서 의무를 부담하고 있다"라고 했다.

안전보장상의 조치는 재판소가 심사하기에 적당하지 않다고 말하면서 국제정세와 자위의 존재양태에 대해서 자신의 견해를 밝히는 이러한 보충의견은, 일견 집단적 자위권 행사가 일본의 의무인 것처럼 논하는 것으로도 읽힌다.

아베 총리는 국회에서 "집단적 자위권 행사는 가능하다는 판단은 정부가 새로운 해석을 밝힘으로써 가능하며, 헌법개정은 필요 없다"(2014년 2월 5일 중의원 예산위원회에서의 발언), "(헌법해석의) 최고 책임자는 나다. 우리들(정치가)은 선거로 국민의 심판을 받는다"(2014년 2월 12일 중의원 예산위원회에서의 발언)라고 답변했는데, 이것은 스나가와 사건 판결과 해당 판결 보충의견 사고방식의 연장선상에 있다고 필자는 생각하고 있다.

안전보장은 정부의 전권사항인가

그런데 스나가와 사건 판결에서 제시된 사고방식은 헌법 해석을 변경하는 논거의 한 가지가 될 수 있을까? 스나가와 사건 판결과 아베 총리의 답변을 비교하면 논거가 될 수 있다는 것이 명백해진다.

첫째, 스나가와 사건 판결은 국회에서 승인된 조약으로 성립된 미일안보조약에 대한 판단이며, 조약에 의하지 않는 정부해석의 변경이나 재량에 대한 판단이 아니기 때문에, 애당초 전적으로 참고해서는 안 된다.

둘째, 보충의견이 말하는 "타국의 방위에의 협력"이란, 그것만 본다면 집단적 자위권의 행사 등으로 읽힐 수도 있을지 모르지만, 스나가와 사건의 초점은 주일 미군기지의 확장이며, '미일안보조약에 의한 미군에의 기지 제공'을 지칭하고 있다고 이해하는 것이 자연스럽다. 즉, 집단적 자위권 행사의 의무를 지고 있다는 의미는 아니다.

셋째, 스나가와 사건 판결은 일본이 독립을 회복한 지 얼마 안 된 냉전 초기의 국제정세와 50년 전의 일본 정치상황을 반영한 것이다. 스나가와 사건 판결은 정부해석의 법적 안정성에 대해서 다루고 있지 않은데, 정부는 1960년 안보 개정 이후 일관되게 '집단적 자위권은 행사할 수 없다'라고 해석했으며, 지금 그 정부해석을 변경한다면 법적 안정성이 상실되는 것에 대한 시비가 논의되지 않으면 안 된다.

그리고 넷째, 스나가와 사건 판결이 안정보장상의 선택을 정부와 국회의 재량이라고 인정하고 있는 것은 의회제 민주주의를 전제로 "종국적으로는 주권자인 국민의 정치적 판단에 맡겨야 하기" 때문이다. 따라서 안전보장상의 중요한 선택에 대해서는 국회의 심의와, 국민에 대한 설명책임을 수행하지 않으면 안 되며, "책임자는 나다"라고 말하고 끝낼 일이 아니며, "(총리의 사적 자문기관인) 안보법제간담회에서 논의하고 있다"(2014년 2월 13일 중의원 예산위원회에서의 답변)라고 해서 허용될 문제도 아니다.

집단적 자위권 불행사가 갖는 오늘날의 의의

일본 헌법 제9조는, 제1항에서 '국권國權의 발동인 전쟁'과 '국제분쟁을 해결하는 수단으로서 무력행사 또는 무력에 의한 위협'을 영구히 포기한다고 하며, 제2항에서 전력의 불보지와 교전권交戰權의 불행사를 주장하고 있다.

정부는, 국가의 자연권自然權으로서의 자위는 금지되지 않으며, 그것을 위해 필요한 최소의 실력實力 보지保持는 허락되는 것으로 방위력을 보지하고, 일본이 무력공격을 받는 경우의 자위를 위한 무력행사(자위대법 제88조)를 인정한다.

동시에 자위권 행사는 자국의 자위를 위해 필요한 최소의 범위에서 가능하며, 자국이 공격을 받지 않는 것을 전제로 하는 집단적 자위권은 (자국이 공격받지 않는 이상) 자위를 위한 최소한을 초월하기 때문에(그렇다 하더라도 애당초 '자위'에는 해당되지 않는다) 행사할 수 없는 것으로 이해되어왔다. 이것은 대단히 논리적인 결론이다.

집단적 자위권은 유엔 헌장 제51조에서 '국가 고유의 권리'로 간주되고, 일본도 보유가 부정되지 않고 있다. 다만 그것을 사용할 것인가의 여부는 실로 '권리'인 이상, 국가가 독자적으로 판단할 수 있다. 정부 견해가 '국가로서 (국제법상) 보유하지만, 헌법(이라고 하는 국내법)상 행사할 수 없다'라는 것에 반해서, '보유하고 있음에도 행사할 수 없다는 것은 모순되는 것이다'라는 논의가 있다.

그렇지만 권리라는 것은 행사하더라도 비난과 제재를 받지 않고 상대는 그것을 감수하지 않으면 안 되는 성질의 것이며, 사용하지 않는다면 비난 및 제재를 받지는 않게 된다. 사용한다는 것을 의무 사항으로 하고 있지 않기 때문에 권리인 것이다. "행사할 수 없는 권리라는 정부해석은 모순된다"라는 의견은 법의 상식에 반한다.

오히려 권리는 남용되는 것이 문제로 간주된다. 집단적 자위권도 현실 세계에서는 대국의 소국에 대한 군사개입을 정당화하기 위한 논리로 사용되었다. 예를 들면 집단적 자위권을 최고로 행사하겠다고 주장했던 것은 1956년 헝가리 민주화 운동에 군대를 보내 탄압했던 소련이며, 소련은 그 이후에도 체코슬로바키아, 아프가니스탄에 집단적 자위 권을 행사했다. 소련 붕괴 이후의 러시아는 타지키스탄에 개입했다. 미국도 베트남과 니카라과 개입의 근거로 집단 적 자위권을 주장한 것 외에, 걸프 전쟁과 9·11 이후의 아 프가니스탄 공격에서도 유엔 결의와 합쳐서 집단적 자위권 을 주장했다.

집단적 자위권을 행사하는 국가는 '보통의 국가'가 아니 다. 자국이 공격받지 않았음에도 타국을 위해 군대를 파견 할 수 있는 나라는 사실상 '대국' 이외에는 없기 때문이다. 대국 이외의 국가가 집단적 자위권을 행사하는 것은, 그렇 게 하는 것이 대국에게 개입의 정당성이 보강된다. 또는 아 프가니스탄에서의 나토 회원국들처럼 개입하는 대국을 중 소국中小國이 지원하는 경우이다.

집단적 자위권을 사용하게 되는 것은 정부가 그 어떤 사 례를 들어 설명하더라도 객관적으로 그와 같은 대국이 되 는 것을 의미한다. 적어도 세계의 국가들은 종래의 경험으 로 그와 같이 이해한다.

집단적 자위권을 행사할 수 없다는 해석을 확정한 1981 년의 정부답변서는, 냉전 시기에 일본이 태평양의 해상교통로 방위에 본격적으로 나설 때, 그것으로 인해 미국의 전쟁에 휘말려 들어가는 것은 아닌가 하는 우려에 대응하는 의미로 제시된 것이다.

그러나 오늘날에는, 유엔 헌장의 권리임에도 불구하고 일본이 집단적 자위권을 행사하지 않는다는 것은 미국의 전쟁에 휘말려 들지 않는다는 소극적인 의미 이외에, '일본이 자신의 의사로 타국에 군사개입하는 일은 없다'라는 더욱 적극적인 의미가 있다. 문제가 되는 것은, 그것을 유지할 것인가 아니면 버릴 것인가의 여부이다.

국제협력의 난제

냉전의 종식 이후, 일본은 안보 정책과 헌법해석을 둘러싼 난제에 부딪쳤다. 우선 걸프 전쟁 이후에 직면했던 것은 국제적 분쟁의 해결을 위한 자위대의 일련의 활동을 어떠한 논리로 합리화할 것인가 하는 문제였다.

일본은 내전 상태에 있었던 캄보디아의 평화실현 외교에 적극 관여하고, 내전의 종결과 유엔에 의한 잠정통치의 틀 작성에 공헌했다. 미야자와 정권은 '국제평화협력법(PKO법)'을 성립시켜, 1992년 9월부터 자위대 시설부대를 참가시켰다. 전후 일본 최초의 외국 영토에서의 임무였다.

이때 자위대의 무기사용은 자신을 지키기 위한 범위로 한정되었다. 일반적으로 PKO에는 자기방위를 위한 무기사용과 임무의 방해를 배제하기 위한 무기사용의 권한이 있다. 후자의 경우, 상대가 '국가 혹은 국가에 준하는 세력'이었을 경우에는 일종의 국제분쟁에서의 무력행사에 해당하며, 헌법 제9조를 위반할 위험성이 있다는 이유로 자위대에는 인정되지 않는다. 한편 자신을 지키기 위한 무기사용은 '자기보전을 위한 자연권적 권리'로 헌법에 반하지 않는 것으로 이해되었다.

PKO는 분쟁 당사자가 평화에 합의하고 유엔의 권위에 복종하는 것을 전제로 하고 있으며, 자위대의 임무도 도로의 건설 및 보수 등이며 전투를 전제로 했던 것은 아니다. 그러한 점에서 만일의 사태에 대비해 자신의 몸을 지키는 것 이상의 무기사용은 필요하지 않다고 생각되었다.

하지만 캄보디아에서는 평화합의가 이루어졌다 해도 무장 세력은 잔존하고 있으며, 일본 경찰관이 살해되는 사건도 발생했다. 자위대는 선거지원 활동을 했던 '비정부기구'의 안전을 지킬 필요가 있었기 때문에, 정보수집이라는 명목으로 각지의 투표소 등을 방문해 자기방위를 위한 무기사용

범위 내에서 실질적으로 민간인 보호를 할 수밖에 없었다.

이러한 경험에 입각해서, 같은 현장에 있는 대원뿐만 아니라 '안전에 대한 자기의 관리하에 들어온 자'를 방호대상으로 삼는 법 개정이 이루어졌다. 그럼에도 같은 현장에 없는 민간인 등은 그 대상이 되지 못하고, 떨어진 현장까지 돕기 위해 가서 방호하는, 이른바 '달려가는 경호'의 문제가 오늘날까지 해결되지 않고 있다.

상대가 국가 또는 국가에 준하는 세력이 아닌 경우에는 헌법상 불가능하진 않지만, 현장에서 공격자가 그와 같은 세력인가 아니면 단순한 무장강도단이나 테러리스트와 같은 사적私的 조직인가를 구별하기란 쉽지 않다. 그래서 이 헌법해석을 바꾸기 위해, 일부러 자위대를 출동시키면서 민간인과 유엔 요원의 보호가 충분치 않다는 논의가 나왔다.

이 문제는 필자 자신이 장기간 골머리를 썩이던 문제이기도 하다. 비무장한 민간인을 지키겠다고 생각하는 것은, 사람으로서 당연한 마음이다.

두 가지 안

이 문제를 해결하기 위한 방법으로 두 가지를 생각할 수 있다. 한 가지는, 헌법이 금지하고 있는 것은 "일본 자신을 당사자로 하는 국제분쟁"을 해결하기 위한 무력행사이며, PKO는 원래 "제3국 간 분쟁 또는 내전"의 종결을 지향하는 것이며, 일본을 당사자로 하는 국제분쟁이 아니라고 하는 타협이다.

그렇지만 PKO에 참가하는 것 자체가 일본의 판단인 이상, 내전 중인 일방의 세력을 상대로 무기를 사용한다면, 그 시점에서 일본은 당사자가 될 수밖에 없다는 이해가 종래의 정부해석의 전제에 있었다.

필자가 일전에 출간한 『검증 관저의 이라크 전쟁』에서 논한 바와 같이, 이와 같은 이해는 지나치게 엄격한 측면이 있으며, 이것을 재검토할 수단이 있다고 생각했다. 그렇지만 PKO가 유엔의 요청에 기초한 활동이라고 해도, 거기에 참가할 것인가의 여부는 일본의 판단이라는 실태에 비추어 보면, 재검토에는 역시 무리가 있다. 나아가 그 문맥에서 정부해석을 재검토했을 경우, 유엔의 요구로 행동이 이루어지는 한, PKO 역시 전투참가를 포함해 무엇이든지 할 수 있게 된다. 그것은 필자가 의도하는 바가 아니었다.

또 한 가지는, 대다수의 정치세력이 평화와 국가의 재건에 합의하고 있는 가운데 일부 반대자가 방해하는 것과 같은 경우에, 이러한 세력을 '국가에 준하는 주체'로 인정하지 않는 방법이다. 방해자들을 정치세력으로 존중하고자 한다면, 애당초 PKO의 기반이 상실되어 버린다.

'국가에 준하는 것'이 아니라면, 무기를 사용하더라도 '국제분쟁에서 무력행사'가 되지 않는다. 그리고 이 방법은 '국가에 준하는 것'인가 아닌가를 기준으로 하는 종래의 헌법해석을 응용하는 것이며, 변경하는 것이 아니다.

그러나 현실은 그렇게 간단하지 않다. 이라크에서는 사담 후세인S. Hussein 측의 '잔당'과 알 카에다Al Qaeda가 '국가에 준하는 주체'인가라는 논의가 있었다. 정부는 명확한 판단을 보이지 않았는데, 국가에 준하는 것이라고 평가한다면, 그 아무리 비윤리적인 테러행위를 행했다고 하더라도 그들이 정치적 주체인 것을 인정하는 것이 된다. 한편 국가에 준하는 것이 아니라고 단정한다면, 이론상 그들과 전투하는 것을 포함해 자위대가 이라크 전역에서 할 수 없는 것은 없게 된다고 하는 딜레마가 있었다.

그런데 이라크는 미국을 중심으로 하는 다국적군이 무력으로 정권을 붕괴시킨 것이 내전의 발단이며, 자발적인 평화합의를 전제로 하는 PKO와는 조건을 달리하고 있다. 나아가 이라크의 혼란을 장기화시켰던 원인은 미국 점령당국이 관료기구와 치안조직을 너무 일찍 해체시켰기 때문에 일정한 통치기구를 지닌 틀을 상실한 것과, 그들의 직을 빼앗고 적에게 돌려줬던 것에 있다. 그 결과 미군은 주민을 보호하기는커녕 "주민의 일부이기도 한 테러리스트"와의 전투로 일관하고, 주민을 적으로 돌려버리게 되었다.

현재 자위대가 파견된 남수단과 같이, 국가 만들기를 주체로 하는 '복합형 PKO'에서는 PKO 부대가 자신의 주민을 적으로 돌려버릴 걱정은 없다. 이와 같은 조건에서는 유엔이 상대로 하지 않는 방해세력으로부터 주민과 유엔 민간인 요원을 방호하는 것은, 일본도 '방해자는 국가에 준하는 것이라고 인정하지 않는다'라는 것을 통해서 종래의 헌법해석을 변경하지 않고 가능한 여지가 있다. 민주당 정권에서 검토되었던 PKO법의 개정도 이러한 방향성을 지니고 있었던 것으로 알고 있다.

이러한 논의에 입각해 지금 고려해야 할 가장 중요한 것은, 일본이 진실로 할 필요가 있는 것은 타국의 군대를 지키는 것인가, 주민과 민간인을 지키는 것인가의 여부이다. 다국적군으로서 전투에 가담하는 것이 아니라, PKO에의 참가가 목적이라면, 일본이 해야 할 것은 아베 총리가 강조하는 것과 같은 '타국의 군대를 지키는 것'은 아니라고 필자는 생각한다(상세한 내용은 뒤에서 논하겠다).

나아가 국가 또는 국가에 준하는 세력과 교전하지 않는다는 사고방식은 복잡한 논리일지도 모르지만, 한마디로 말해서 헌법의 정신에 따라서 '타국의 내전에 개입하지 않는다'라는 일본의 원칙적 입장을 표현하고 있다. 이것은 대단히 알기 쉽다. 그 원칙적 입장을 '논리가 복잡해서 현장에서는 알기 어렵다'라는 이유로 간단하게 포기하면 좋을 것인가? 그것이 의문시되고 있다.

국제협력에서 동맹협력으로

냉전 이후 안보 정책과 헌법해석을 둘러싸고 일본이 직면했던 또 하나의 난제는 미일 동맹에 새로운 의의를 부여하는 가운데 미군과 어떠한 협력을 할 것인가였다.

1993년, 북한이 핵개발을 선언했다. 북한에 대한 미국의 군사행동이 예상되는 가운데, 북한의 위협을 받게 된 일본이 그 무엇도 안 한다면 미일 동맹은 붕괴된다는 위기감이 일었다. 그리고 안보조약 제5조의 '일본 유사'가 아닌 제6조의 '극동 유사'에서 방위협력의 존재양식이 논의되었다.

1978년에 작성된 '가이드라인'은 일본 유사를 대상으로 하는 한편, 6조 사태에 대해서는 '향후의 연구과제'라고 논하는 데 그쳤다. 미일 양국 정부는 헌법의 틀 내에서 어떠한 협력이 가능한가를 협의하고, 그 결과 1997년에 이른바 '주변사태'에 대해 방위협력을 정하는 신가이드라인(미일방위협력을 위한 지침)이 합의되었다.

자위대에 의한 주요 협력항목으로는 정보의 제공, 수송·보급, 전투에 의한 조난자의 수색·구난救難을 꼽고, 그 활동구역은 일본 국내와 전투가 행해지고 있는 공해상으로 가정했다. 이때, 헌법과의 관계를 설명하기 위해 사용되었던 사고방식이 이른바 '후방지역 지원'의 개념이다. 후방지역은 전투가 행해지고 있는 장소와는 지리적으로 구별되어, 거기에서 행해지는 활동도 수송, 보급, 구난 등 그 자체는 전투행위가 아니라는 점에서 미군이 행하고 있는 전투행위와는 일체화하지 않기 때문에, 헌법이 금지하는 일본의 무력행사에는 해당되지 않는다는 사고방식이다.

PKO가 정전停戰이 성립된 이후 유엔 주도의 활동이었다면, 이번에는 전투에 종사하는 미군에 대한 지원이며, 국제협력이라기보다 동맹협력의 필요성에 기초한 것이었다.

신가이드라인을 실시하기 위한 주변사태법의 심의에서는 "북한에서 본다면, 일본도 미국의 공격에 가담하는 적국이 되는 것은 아닌가"라는 논의가 있었다.

1986년, 국제사법재판소는 니카라과 반정부 무장세력에 대한 미국의 지원을 위법違法이라고 판단했는데, 이른바 니카라과 판결에도 '무기 공여 등의 병참지원은 무력공격이라고 말할 수 없지만, 무력에 의한 위협 또는 무력의 행사로 간주된다'라는 사고방식이 제시되었다. 또한 유엔총회에서 결의한 침략의 정의 중에는 침략행위를 위한 기지의 제공도 포함되어 있다.

한반도 유사시, 주변사태에서 미군의 행동은 한국에 대한 집단적 자위권의 발동, 또는 유엔군으로서의 행동이 되기 때문에 위법한 침략행위라고 말할 수 없다. 그렇지만 위법인가 합법인가에 대한 평가는 별도로 하고 후방지역에서 병참(후방지원)이나 기지 제공을 행하는 것이 광의의 무력행사로 간주될 수 있는 행위라는 것은 의심할 바가 없다.

제1차 아베 정권에서 안보법제간담회 보고서에서도 "극동 유사시 …… 미군이 전투작전 행동을 위해 국내 기지를 사용한다면 …… 미군의 무력행사와 일체화하기 때문에 안보조약 그 자체가 위헌이라는 불합리한 결과가 될 수밖에 없다"라고 논했다. 즉, 미군의 기지 사용으로 일본이 자동적으로 집단적 자위권 행사를 행할 가능성이 있다는 것이다.

이와 같은 논의가 있지만, 정부는 1960년 안보개정 무렵부터 기지의 제공, 보급 등의 행위와 타국으로 가서 전투를 하는 행위를 구별하고, 전자는 헌법이 금지하는 무력행사(집단적 자위권)에는 해당하지 않는다는 취지의 답변을 반복했다. 이것은 고육지책苦肉之策이기는 했지만, 일본 방위 이외의 무력행사를 금지하는 헌법과, 안보조약에 기초한 미군의 기지 사용 사이를 양립시키기 위한 사고방식으로, 그 이후의 정부해석으로 정착되었다.

그리고 이 '타국의 전투행위와 일체화하지 않는 한 헌법에 반하지 않는다'라는 사고방식은 냉전종식 이후의 동맹 협력이라는 새로운 국면에서도 '후방지역 지원', '비전투 지역'의 개념을 사용함으로써 법률을 구성하는 근간의 논리로 채택되었다.

즉, 전후 장기간 논의의 축적을 거쳐서 "안보조약에 기초한 미군의 기지 사용은 어쩔 수 없다고 인정하더라도, 그 이외에 일본이 타국의 전투행위에 직접 가담하는 일은 하지 않는다"라는 것은 헌법의 규범내용으로 정착되었던 것이다. 장기간 방위실무에 관여했던 필자의 판단으로 그것을 바꾸려는 것에 그 어떤 이점merit도 없다. 일본은 냉전 이후의 난제, 즉 미군에 어떠한 협력이 가능한가라는 질문에 대해서도 이 규범으로 대응했다.

일본이 구축해왔던 이 규범은 국제적으로 넓게 공유되었던 논리는 아닐지 모른다. 그렇지만 구제적으로 비난받는 것도 아니다. 무엇보다 일본 헌법의 해석은 일본 자신의 문제이며, 국제법상 명백하게 부당한 것이 아닌 한, 논리가 이상하다는 이유로 변경할 필요는 없다.

정부에 의한 브레이크는 가능한가

'안보법제간담회'의 기타오카 신이치北岡伸一 좌장 대리는 2014년 2월 하순 기자회견에서, 정부가 집단적 자위권의 행사를 용인할 때의 다섯 가지의 조건안條件案을 제시했다.

① 밀접한 관계에 있는 국가가 공격을 받았을 경우

② 방치한다면 일본의 안전에 큰 영향이 발생할 경우

③ 공격받은 국가에서 행사를 요구하는 명확한 요청이 있을 경우

④ 총리가 종합적으로 판단해서 국회의 승인을 받는 것

⑤ 공격받은 국가 외의 국가의 영역을 통과하기 위해서 그 국가의 허가를 얻는 것

집단적 자위권을 행사하게 되었을 경우, 어떤 형태의 저지가 필요한 것은 당연한 일이다. 그것은 크게 말해서 어떠한 절차에 입각했는가, 정부가 어떠한 기준으로 판단했는가로 나뉜다. ①부터 ③은 판단기준에 관한 것이며, ④와 ⑤는 절차에 관한 것이다.

여기에서 중요한 것은 무엇을 위한 저지인가이다. 개별적 자위권이든지 집단적 자위권이든지 일본이 위법한 무력행사를 하지 않는 것, 무용無用의 전쟁에 휘말려 들지 않는 것, 및 주권자인 국민이 납득하는 것이 불가결한 요청이다.

개별적 자위권은 "자국에 대한 무력공격"이라는 명백한 요건이 있어야 행사된다. 습격한 적으로부터 방위하는 것은 당연한 일이지만, 행사에 즈음해 논의되어야 할 논점은 있다. 그것은 무력공격을 예방하기 위한 충분한 외교노력이 이루어졌는가, 다른 수단이 없는가, 방위를 위해 필요한 한도에 머무르고 있는가, 가능한 한 조기에 전쟁상태를 종결시키려는 노력이 이루어지고 있는가 등이다.

한편, 집단적 자위권은 자국에 대한 공격이 없는 경우이기 때문에, 공격을 받은 국가의 외교노력과 전투가 시작된 경위, 작전이 사태를 무턱대고 확대시키지 않도록 배려되고 있는가 등, 자국의 경우에도 하기 어려운 판단을 타국의 행동에 대해서 하지 않으면 안 된다. 타국의 행위가 위법이 었던 경우에 일본의 행위도 위법성을 띠게 되는 것을 생각한다면, "동맹국이 했기 때문에 함께하면 좋다"라는 단순한 논리로는 끝나지 않는 어려운 과제를 포함하고 있다. 이러한 관점으로 다섯 가지 기준안基準案이 브레이크가 되는지를 검토하도록 하겠다.

① 밀접한 관계에 있는 국가가 공격을 받았을 경우

'밀접한 관계에 있다'라는 것은 통상 '동맹국'을 의미한다. 새로운 국가와 상호방위조약을 체결할 예정은 아니라고 생각되기 때문에, 이것은 미국을 말한다. 그렇다면 '공격을 받았을 경우'라는 것은 어떠한 것인가? 상세한 것은 뒤에서 논하겠지만, 미국 본토를 직접 공격하는 '국가'가 있을 것으로 생각되지 않기 때문에, 이것은 공해상의 미 군함 호위 사례와 같이 해외에서 전개하는 미군에 대한 공격을 말한다고 여겨진다.

집단적 자위권은 미군을 지키는 것을 전제로 논의되었으며, 이 조건은 그 전제를 논하고 있을 뿐이며 그 어떤 브레이크도 되지 못한다.

② 방치한다면 일본의 안전에 큰 영향이 발생할 경우

이것은 일본과 전혀 관계가 없는 장소에서 미 군함이 공격을 받게 되면, 이 조항을 지킬 수 없다는 의미에서 일정한 브레이크가 될 가능성이 있다.

그렇지만 원래 개별적이든지 집단적이든지 자위권 행사의 지리적 범위에 제한은 없다. '지구의 반대편'은 제외하고, 미사일 방위의 경우에는 우주 공간까지 포함한다. 따라서 이것은 지리적인 의미의 한정이 아니다. 실제로 정부가 말하는 '구체적인 사례' 가운데 중동中東을 상정했던 것이 포함되어 있다.

주변사태법에서는 '주변사태'의 정의로 "그 상태로 방치한다면 우리나라에 대한 직접 무력공격에 이르게 될 가능성이 있는 사태 등"이라고 하는 예가 포함되어 있는데, ②의 조건에서 '방치한다면 일본의 안전에 커다란 영향이 발생할 경우'라는 요건은 표현의 범위에서는 주변사태법보다도 훨씬 인정認定되는 범위가 넓다.

집단적 자위권에 해당하지 않는 행위를 하기 위한 주변사태법보다 집단적 자위권을 사용하는 범위의 쪽이 넓다면, 이것은 브레이크라기보다 액셀이 될 가능성을 내포하고 있는 요건이 된다.

③공격받은 국가에서 행사를 요구하는 명확한 요청이 있을 경우

요청하지 않았음에도 자의적으로 방위라 칭하면서 군대를 보내는 것은 침략 이외의 그 어떤 것도 아니다. ③은 집단적 자위권의 행사가 정당하다고 인정받기 위한 요건으로, 국제적으로 확립된 사고방식이다.

그런데 이것도 일본의 집단적 자위권 행사에 실질적인 제약을 부과하는 것은 아니다. 오히려 문제는 일본이 미국에서 요청을 받았을 경우 거부할 수 있는가의 여부이다.

오늘날의 세계에 중소국이 대국과 대치해서 군사적으로 승리할 가망은 없다. 의미가 있는 억지력을 확보하기 위해서는 대국과의 동맹을 선택하지 않을 수 없다. 그렇지만 그러한 대국과의 동맹으로 골머리를 썩이는 것은, 전쟁을 할 것인가 하지 않을 것인가의 결정권이 전쟁의 국면을 결정할 수 있는 힘을 갖고 있는 대국에게 있다는 것이다.

일본 정부는 전후 한 차례도 미국의 무력행사에 반대했던 일이 없다. "동기는 이해할 수 있다", "사실관계를 아는 입장이 아니기 때문에 법적 평가는 할 수 없다" 등으로 지지 및 이해는 하지만, 반대한 적은 없다. "미일안보조약에는 유엔헌장 준수의무가 명기되어 있기 때문에, 미국이 위법한 전쟁을 하지 않을 것이 틀림없다고 믿는다"라는 취지의 국

회 답변도 있다.

이러한 발상이 있는 한, 결과는 명백하다. 미국의 요청에 응할 경우, 그 무력행사가 위법이라면 일본도 위법한 무력행사를 하지 않을 수 없게 된다. 또한 요청을 거절했을 경우 미일 동맹은 붕괴한다.

④ 총리가 종합적으로 판단해서 국회의 승인을 받는 것

개별적 자위권에 의한 현행 방위출동의 경우, 국회의 사전승인이 필요하며, 특히 긴급한 필요가 있을 때에 한해 사후에 즉시 국회승인을 받을 것을 명시하고 있다. 또한 국회승인을 요구함에 있어서 무력공격 사태라는 것을 인정하는 데 이르게 된 사실관계도 제시되지 않으면 안 된다.

집단적 자위권에 의한 집단 방위출동의 경우, 적어도 이것과 동등한, 또한 더욱 엄격한 절차가 요구된다고 생각하는 것이 자연스러울 것이다. 그렇다면 '공해상에서 미 군함이 갑자기 습격을 받은 경우에 지킨다'라는 것은 절차상 불가능해진다. '북한 미사일을 경계 중인 미 군함'이라 해도 불의의 공격으로부터 지키기 위해서는 북한이 '인공위성' 발사를 예고할 때 집단 방위출동을 명하지 않으면 안 되는데, 미국이 공격받지 않는 상태에서 명한다면 ①과 ③의 요건에 반하게 된다.

긴급해서 어쩔 수 없다는 판단을 현장에 맡긴다면, '총리가 종합적으로 판단'할 여유도 없다. 어느 날 돌연히 총리대신도 알지 못하는 가운데 일본이 전쟁 당사자가 되어 있을지도 모른다.

즉, ④의 조건이 시간적으로 가능한 집단적 자위권 행사란, 미 군함과 항공기가 실제로 공격을 받고, 미국이 자위권 발동이라는 전쟁의 준비를 하는 중에 일본에 요청할 경우로 한정된다.

더욱 중요한 논점은, '총리대신이 종합적으로 판단'할 때 무엇을 기준으로 삼는가이다. 과거 일본 정부가 이라크 전쟁을 지지했던 이유는 '대량파괴무기의 위협은 일본에서도 공통의 위협이다'라는 것과 동시에, 실질적으로는 '일본을 지키는 미국을 지지하지 않을 수 없다'라는 점이었다.

이번은 정치적 지지가 아닌 파병 요청이 왔을 뿐이지만, 이라크 전쟁의 지지 논리로 말하자면 '일본의 안전에 영향을 미치지 않는다'라는 말 없이 거절해야 할 이유가 없다.

그때 정부의 판단요소는 미국의 무력행사가 법과 정의에 적합한가, 다른 대체할 수 있는 수단은 없는가, 미국의 작전이 필요 최소한도에 멈추고 있는가, 특히 정권을 타도

하는 것까지 필요한가, 일본의 능력으로 대응 가능한가, 거절했을 경우와 응했을 경우 일본의 국제적 입장을 어떻게 비교할 것인가 등 다양하게 걸쳐 있다.

하나하나 사례를 들 수는 없기 때문에 바로 '종합적으로 판단한다'라고밖에 말할 수 없지만, 가령 이라크 전쟁이었다면 어떠했을까, 혹은 베트남 전쟁이라면 어떠했을까 하는 논의의 재료는 있다. '종합적'이라는 한마디가 아니라, 좀 더 실증적인 기준의 논의가 가능할 것임에 틀림이 없으며, 그렇게 하는 것이 필요하다. 그렇게 된다면 승인할 국회와의 공통인식도 생기게 된다.

그런데 아베 총리는 이라크 전쟁 개전開戰 당시, 내각관방 부장관으로 관저에 있었다. '정중한 설명으로 이해를 요구한다'라는 것이 신조인 총리에게 자신의 경험을 통한 판단의 실례實例를 설명하는 지식이 있을 것이다.

⑤ 공격을 받은 국가 외의 국가의 영역을 통과하기 위해서 그 국가의 허가를 얻는 것

이것 또한 당연한 것을 말하는 것에 불과하다. 지금도 이라크에 물자를 운반하는 자위대 C-130 수송기가 중동으로 가는 경로에서 타국 공항에 급유를 하기 위해 착륙했을 때

는 영역국領域國의 허가를 얻고 있다. 허가 없이 영공에 들어선다면 긴급발진scramble이 이루어지고, 경우에 따라서는 격추된다.

이상과 같이 이번에 발표된 다섯 가지 조건에는 지리적 기준도 없고, '일본의 안전에 커다란 영향'의 의미도 알 수 없다. 정부와 '안보법제간담회'가 제시하는 구체적인 사례와의 관계에서도 정합성을 보장할 수 있는 절차를 제시하고 있지 않다. 무엇보다도 총리대신의 종합판단으로 판단이 회피되어 있다. 이것으로는 브레이크의 역할을 기대할 수 없으며, 국민을 안심시키는 설명도 되지 못한다.

국민이 납득하는 최소한의 브레이크는 헌법 전문前文에 언급된 '정부의 행위로 다시 전쟁의 참화惨禍가 일어나지 않도록 한다'라는 것이다. 그 때문에 브레이크를 생각한다면, '일본에 대한 무력공격이 발생해 무력을 배제하는 것 외에 다른 수단이 없다'라는 개별적 자위권의 요건을 충족하는 이상으로 확실한 것은 없다. 집단적 자위권 행사의 용인은 그 브레이크를 제거하는 것을 의미한다.

제4장

일곱 가지의 '구체적인 사례'

어떤 사태를 상정하고 있는 것인가

아베 총리는 집단적 자위권 등을 둘러싼 헌법해석의 재검토에 대해서 "구체적 사례에 입각해 국민의 이해를 얻고자 한다"라고 논한 바 있다. 한편 '안보법제간담회'의 주요 멤버 가운데는, 구체적 사례는 어디까지나 예시이며 종래의 헌법해석이 틀렸기 때문에 개정해야 한다는 사고방식이 다수를 점하고 있는 것으로 보인다.

두 가지 사고방식에는 커다란 차이가 있다. 전자는 상정된 사례가 있기 때문에 헌법해석을 바꾼다는 발상이며, 후자는 이제까지는 오류였기 때문에 바꾼다는 발상이다.

정부의 종래 사고방식이 틀렸다면, 역대 총리대신을 포

함한 관계자의 판단이 잘못되었다는 것이 된다. 국민의 입장에서 본다면, 다른 데는 오류가 없었는지 하는 의문도 생겨나게 될 것이며, 정부가 했던 종래의 정책판단 모두에 대한 총체적 점검이 필요하게 된다. 따라서 그러한 사고방식은 학자라면 몰라도 정부가 취할 수 있는 입장은 아니다.

따라서 집단적 자위권이 필요한 사례가 중요한 의미를 지닌다. 그것은 단순한 설명을 위한 편의적인 발상이 아니라, 헌법해석의 변경이 왜 필요한가를 설명하기 위한 입법사실에 해당하는 것이기 때문에, 국제정세에 입각한 엄밀한 정치적·군사적 검토가 이루어지지 않으면 안 된다.

구체적 사례에 대해서 제1차 아베 정권에서는 다음의 ① ~ ④의 이른바 '네 가지 유형'이 검토되었고, 제2차 아베 정권에서는 보도에 의하면 ⑤, ⑥의 두 가지가 추가되었다.

① 미 군함 호위
② 미국을 향하는 미사일 요격
③ 해외에서 타국 군대의 방호
④ 해외에서 타국 군대의 전투행위와 밀접하게 관련된 지원활동
⑤ 미국을 공격한 국가에 무기를 운반하는 선박의 임검臨檢
⑥ 중요한 해상교통로인 국제해협에 부설된 기뢰의 제거

제2차 아베 정권에서는 ①의 미 군함 호위에 대해서는 해상자위대海上自衛隊와 병주하는 경우에 한정하지 않고, 미사일 감시 등을 위해서 단독으로 행동하고 있는 미 군함의 호위도 포함되었다.

또한 개별적 자위권에 기초한 대응과제로, 영해 내로 침입한 외국 공선에 대한 '영역경비'의 문제(⑦에 해당)나 타국 영역에서의 무기사용을 수반하는 자국민 구출에 관한 논의도 이루어지고 있다.

이러한 ① ~ ⑦의 '구체적인 사례'는 어떠한 조건에서 일어나고, 어떻게 대응해야 할 것인가? ①, ②, ⑤, ⑥ 그리고 ③, ④, 마지막으로 ⑦의 순서로 검토하겠다. 그때 파악하려는 것은 북한, 중국*, 이란을 둘러싼 군사정세이다.

①미 군함 호위

일본 근해에서 미 군함이 공격을 받는 것은 어떠한 경우에 해당할까? 이미 논한 바와 같이, 일본 유사라면 일본방

---

* 중국의 군사 문제와 관련된 최근 논의에 대해서는 다음을 참조하기 바란다. 시오자와 에이이치, 『중국인민해방군의 실력: 구조와 현실』, 이용빈 옮김(파주: 도서출판 한울, 2015). _옮긴이 주

위를 위해 달려오는 미 군함을 호위하는 것은 개별적 자위권으로 가능하다는 취지의 정부견해가 나카소네 정권 시대에 제시되었다. 그 때문에 '안보법제간담회'에서 논의되고 있는 것도 일본 유사 이외의 경우이다.

한반도 유사

일본 유사가 아닌 상황에서 일본 근해에서 미 군함에 대한 공격이 있다면, 미국이 북한과 전쟁상태가 되는 경우가 고려된다. 한반도에서의 군사충돌에 미국이 관여·개입하는 사태는 이른바 '주변사태'이며, 일본은 '주변사태법'에 기초해 일본의 영역 및 전투가 이루어지지 않고 있는 공해상에서 미군에 대해 보급, 수송, 정보 제공, 의료, 수색구난 등의 지원을 실시하는 것으로 알려져 있다.

이것은 1997년의 '미일 방위협력을 위한 지침(신가이드라인)'에서 합의된 대응이다. 미군의 행동으로 상정되고 있는 것은 북한의 해상봉쇄, 항공모함 또는 주일 미군기지에서 발진하는 항공기 등에 의한 군사목표의 파괴, 한국에 대한 상당 규모의 지상부대 및 물자의 증원增援, 자국민을 포함하는 체류 민간인의 국외 퇴피退避 등이다. 신가이드라인은 필자 자신이 당시 방위청의 실무 담당자로서 작성에 관여했다.

북한은 1997년 이래 부족한 자원을 핵과 미사일 개발에 중점적으로 배분하는 한편, 통상전通常戰 능력이 강화되고 있다고는 생각되지 않는다. 그것은 핵, 미사일이 미국에 대해서 양보를 강제할 수 있는 유일한 외교적 카드이기 때문이다. 통상전에 대해서 고려한다면, 한미韓美 연합군의 힘이 북한을 압도하고 있으며, 일본이 전투참가를 요구받는 것과 같은 경우는 고려되지 않는다.

2013년 한미 군사당국은 공동작전계획에 서명하고, 북한에 의한 핵사용의 징후를 탐지한다면 선제조치를 포함한 '상황(위협, 사용절박, 사용)에 응한 억지전략'을 취하는 것에 합의했다.

정치적인 측면에서 말하자면, 한국은 일본에 대한 정치적 불신감으로 미일 신가이드라인 재검토 움직임에 경계감을 갖고 있으며, 자위대의 전투참가를 허용하려는 재검토에 찬성하는 것은 생각할 수 없다. 주한 미군 고위급 간부도 "아베의 발언을 모두 읽어보았는데, 솔직하게 말해서 이 지역(동북아시아)에 도움이 되지 않는다"라고 논평했던 것이 보도된 바 있다(≪아사히신문≫, 2013.10.2).

만약 한반도에서 사태가 긴박해진다면, 자위대 역시 고

도의 경계태세를 취하게 된다. 일본의 조기경계 관제기와 해상감시시스템에 의한 정보는 미 해군에게 제공된다. 미 해군의 작전해역을 통과한 북한의 소형 잠수함이 후방교란의 목적으로 특수부대를 침투시켜 일본상륙을 시도하고, 근해에 (북한군의 능력으로는 아마도 소수의) 기뢰를 부설하는 것과 같은 일이 발생한다면, 자위대는 일본방위를 위해서 개별적 자위권으로 이러한 것을 배제排除하게 된다.

미군의 군사적 필요는 이러한 활동으로 충족된다. 미군이 일본에게 기대하는 최대의 것은 후방지원이며, 그 밖에는 ① 작전의 거점이 되는 주일 미군기지의 안전확보, ② 미국 본토 등으로부터의 수송루트인 서태평양에 대한 경계감시, ③ 한국에서 피난하는 비전투원의 수용, ④ 공항, 항만의 효과적 운용으로 증원부대의 일시수용과 물자를 다루는 것이기 때문이다. 필자의 판단으로 ③과 ④가 가장 복잡하며 어려운 일이 된다.

미군에 의한 정보활동과 마찰적 충돌

2009년 4월, 북한은 하와이 앞바다를 향해서 미사일을 발사했다. 그 당시 미 해군 이지스함은 동해에서 단독으로 감시를 실시했는데, 북한에서 전투기가 날아오는 움직임이 있었던 것으로 알려져 있다. 제2차 아베 정권에서는 이 사례를 모델로 미 군함에 대한 호위가 논의되고 있다.

이지스함은 미사일 추적이 가능하지만 항공기에 대한 레이더 감시는 불가능하다. 만약 북한이 공격하려는 의도를 갖고 있을 경우에는 위험하게 된다. 그럼에도 미국이 이지스함을 일본해에 배치했던 이유는, 하와이를 사정거리 안에 넣고 있을지도 모르는 미사일 정보를 일본의 이지스함에 맡기지 않고, 비상경로를 통해서 점화boost 단계부터 직접 수집하려고 했기 때문이라고 필자는 생각하고 있다.

일본의 이지스함은 측면에서 항적航跡을 관측하는 위치에 있었다. 미사일은 일본 열도를 넘어서 약 3000km 이상을 날아갔는데, 최종적인 낙하지점 등 상세한 데이터는 명확하지 않다.

당시 일본이 만일의 낙하에 대비해 동북 지방에 지대공미사일, 패트리엇 PAC-3를 배치하는 등, 전국적으로 높은 관심을 보였던 반면 미국은 냉정한 척했다. 그렇지만 미국은 이 미사일 실험을 자국에 대한 위협으로 간주하고, '자위대를 밀어내고' 직접 정보수집을 하고자 했다. 이에 대해서 북한은 위협 및 방해하기 위해서 전투기를 발진시켰던 것이다.

그러나 실제로 공격은 없었으며, 미군도 움직이지 않았다. 미국이 실제로 공격받는 위협을 예측하고 있었다면, 다른 이지스함을 출동시키고, 미사와三澤 기지에 전투기를 대기시켰을 것이다. 즉, 이 사태는 미국에게는 정보활동에 따른 통상적인 방해이고, 반격 등의 행위로 위험부담을 가중시킬 정도까지의 것은 아니며, 하물며 자위대에 도움을 요청할 사태도 아니었다.

미군은 구소련과 마찬가지로 예전부터 도발적인 정보활동을 행하고 있다. 북한과의 관계에서는 1968년 정보수집함 '푸에블로호'가 나포되었으며, 1969년 정찰기 EC-121이 격추되었다. 앞의 경우에 미국은 바로 북한을 보복공격하는 것과 같은 대응은 취하지 않았다.

중국과의 관계에서도 빈번하게 문제가 발생하고 있다. 2001년에는 하이난다오海南島 앞바다에서 미 해군 초계기 EP-3가 중국 전투기와 충돌, 불시착해 승무원이 구속되는 사건이 발생했다. 최근에도 2013년 12월, 중국의 항공모함 함대의 훈련을 감시하고 있던 미 해군 순양함이 중국 군함에 의해 이상접근을 당하는 사건이 발생했다. 바로 전 11월에는 중국이 설정한 방공식별구역 내를 미군의 전략 폭격기 B-52가 비행했다.

미국의 정보수집 활동은 일종의 위력威力정찰이라고 말할 수도 있는데, 과도한 도발이 되지 않도록 호위를 붙이지는 않고, 상대의 방해도 예측하고 있다. 상대의 반응을 살피는 것도 정보활동의 목적이기 때문이다. 그리고 상대의 실력행사가 있을 경우에도 보복하지 않고, 외교로 해결하고자 한다.

유일한 예외는 북베트남 폭격의 계기가 되었던 통킹 만 사건(1964년)이었다. 이것은 사후에 조작으로 판명되었지만, 미국은 경우에 따라서는 전쟁 도발을 하는 것이 명백해졌고, 이것은 도리어 상대의 반응을 억제하는 효과를 낳고 있다. 현장에서 대치하는 개별의 선박과 비행기가 아니라, 배후에서 버티고 있는 방대한 보복력으로 상대를 억지한다. 이것 자체가 미국의 억지력의 본질이라고 말할 수 있다.

어쨌든 미국의 일견 취약해 보이는 정보활동의 배경에는 주도면밀한 위협분석에 입각한 다양한 노림수가 있다. 그것을 무시하고 상대의 전투기가 날아오르는 것만으로 자위대가 반격해서 미연에 미 군함을 지키고자 하는 행동에 나선다면, 미국에게는 쓸데없는 참전이 될 수밖에 없다.

미국은 전시戰時라면 몰라도, 만약 선박 한 척이 피해를 입더라도, 무턱대고 도움을 요구해서 사태를 확대 및 심화시키고 타인의 타이밍으로 전쟁을 하려는 국가는 아니다. 그것을 알아두어야 할 필요가 있다.

②미국을 향하는 미사일 요격

미국과 전쟁을 하게 될 경우, 북한의 마지막 수단은 미사일이다. 2013년 3월, 북한 ≪로동신문勞動新聞≫은 "요코스카橫須賀, 미사와, 오키나와, 괌, 미국 본토는 미사일 사정거리 안에 있다"라며 도발적인 성명을 발표했다. 이것은 북한이 이러한 기지를 근거지로 삼는 미군의 보복과, 미국 본토로부터의 핵공격을 두려워하고 있다는 것의 표명이기도 하다. 이러한 거점이 건전하게 기능하고 있는 한, 미국과의 전쟁이 체제의 파멸을 초래할 것으로 북한 지도부는 이해하고 있다. 여기에서도 미국의 억지력은 기능하고 있다.

따라서 있을 수 없는 일이겠지만, 만약 북한이 미국 본토를 향해서 미사일을 발사한다면, 하와이와 괌에 더해 주일 미군기지 및 주한 미군기지를 거의 동시에 제압하지 않는다면 승리할 가망은 없다. 그것은 일본 유사이며, 한국 유사이자 동북아시아의 전면 전쟁이 된다.

이와 같은 경우 미국이 일본에 기대하고 있는 것은 여전히 미국 본토의 방위보다도 주일 미군기지의 방위이며, 혹은 미일이 공동개발 중인 새로운 해상발사형 요격 미사일이 완성되었을 경우, 괌으로 향하는 중거리 미사일에 대한 요격일 것이다. 그런데 나카소네 정권의 일본 유사에서의 '미군함 호위' 논리를 적용시키면, 만약 일본에 대한 공격보다 괌에 대한 공격이 선행했다고 하더라도 주일 미군기지가 다음 표적이 되는 이상, 괌으로 향하는 미사일의 요격은 개별적 자위권으로 가능해진다.

그러한 사고방식은 미국 본토에 대해서도 마찬가지인데, 미국 본토로 향하는 미사일은 북극권을 향해 날며 일본에서 멀어지기 때문에, 일본 열도를 벗어나면 속도가 떨어지는 요격 미사일로 공격 미사일을 잡는 것은 불가능하다. 어쨌든 요격하고자 한다면 미국 서해안에 배치할 필요가 있는데, 수량에 한계가 있는 이지스함을 사용할 것이라면, '미국 본토보다 일본의 기지를 걱정하라'라는 게 미국의 속내일 것이다.

또한 탄도미사일을 요격하기 위해서는 완만하게 상승하고 있는 발사 직후의 부스트 단계에서 요격하는 쪽이 파괴하기 쉽다. 미사일이 수평선 상에 모습을 드러낸 순간에 직접 조준을 해서 고출력 레이더 등으로 파괴하는 방법이다. 그 경우 미사일의 진로가 명확하지 않은 가운데 격추되는 것으로, 개별적이든지 집단적이든지 도대체 자위권으로 설명할 수 있는지도 알 수 없다. 무엇보다도 그러한 기술은 당분간 실용화될 가망이 없다.

만약 발사했을 뿐인 로켓을 잡는다면, 선박과 대형 항공기 등 요격 무기의 플랫폼을 상대국 가까이에 진출시키지 않으면 안 된다. 이것은 그만큼 상대의 반격을 받기 쉽게 되는 것을 의미한다. 만약 발사지점이 동해 근방이라면 자위대가 장비를 갖추어 실행역할을 담당하는 것이 가능하겠지만, 황해 근방에서 발사되어 러시아 상공을 통과해 북극권으로 향하는 미사일이라면, 동해에서 조준해 요격하는 것은 상당히 어렵다. 게다가 러시아가 로켓이 자국 영내에 낙하하는 것을 묵인할 것인지도 불명확하다.

⑤미국을 공격한 국가에 무기를 운반하는 선박의 임검

③과 ④는 후술하기로 하고, ⑤와 ⑥을 먼저 검토하겠다. 이 '구체적인 사례'는 설명하기가 까다로운데, 누가 어떠한 이유로 미국을 공격하는지가 제시되고 있지 않기 때문이다.

미국 본토에 대한 공격

'미국을 공격한다'라는 것이 미국 본토에 대한 공격을 의미한다면, 9·11테러와 같은 사례를 지적하는 것이 된다. 미국은 9·11테러를 무력공격으로 인정하고 있으며, 또한 특정 국가가 미국 본토에 대한 미사일 공격 등 본격적인 공격을 걸어오는 것은 현실화될 가능성이 크지 않다고 생각하고 있다.

2001년 9·11테러 후, 미국은 빈라덴O. bin Laden을 숨겨둔 아프가니스탄을 공격했다. 나토 국가들도 집단적 자위권을 적용해서 참전했다. 일본은 '테러대책특별조치법'을 제정하고, 인도양에 자위대를 파견해 테러리스트의 이동을 막고, 무기 등을 운반하는 선박을 대상으로 해상에서의 저지활동을 하는 다국적 해군에 대한 급유 활동을 했다. 만약 일본의 집단적 자위권의 행사가 용인된다면, 이번에는 급유가 아니라 해상 저지활동 그 자체에 참가할 수 있게 된다.

그렇지만 근본적으로, 테러에 대해 국가를 상대로 군사적인 대응을 취하는 것에는 한계가 있다. 해상 저지활동으로 임검 및 나포를 행하고 일정량의 무기와 테러리스트의 자금원이 되는 마약을 압수했지만, 아프가니스탄의 치안개선에 어느 정도 효과가 있었는지는 검증되지 않고 있다. 이란 그리고 파키스탄과의 국경을 육로로 넘는 이동 및 수송을 저지할 수 있는 수단이 없었기 때문에, 당시에도 그 유효성이 의문시되었다.

또한 미국은 10년 이상 걸려 빈라덴을 살해했지만, 오늘날에 이르러서도 아프가니스탄의 치안은 줄곧 개선되지 않고 있으며, 오히려 이웃 나라 파키스탄 정치 상황의 불안정화를 초래하는 결과를 낳았다.

아프가니스탄·이라크 전쟁을 거쳐서 이슬람 과격파에 의한 테러는 확산 및 토착화되고 있다. 각국은 '국내 테러 대책' 강화와 함께 정보 영역에서 국제협력을 확립하고 있다. 이와 같은 국제정세를 생각한다면, 자위권 행사를 논의하는 것은 국제사회의 추세에서 벗어나는 것이다.

전개 중인 미군에 대한 공격

미국 본토에 대한 테러를 상정했던 것이 아니라면, '미국에 대한 공격'이란 세계에서 전개하는 미군에 대한 공격을 의미하는 것이 된다.

일본이 모든 경우에서 미 군함을 호위하는 것이 현실적이지 않다면, 공격을 가한 국가에 대한 제재 및 견제로서 해당 국가에 대한 무기반입을 저지하는 것은 일어날 법한 상황이 아니다. 그렇지만 미국을 공격했던 국가가 무기공급을 필요로 하고 있다면, 그것은 장기간에 걸쳐 미국과의 전쟁상태를 계속하는 것을 의미한다. 군사 초강대국인 미국에게 누가, 무엇을 위해서, 그와 같은 전쟁을 걸어올 것인가?

있을 수 있는 사례는, 어느 국가가 미국에 맞서기보다도 미국의 동맹국을 공격해 미국이 이것에 개입하는 경우이며, 전형적인 경우로는 한반도 유사일 것이다. 이것은 이른바 '주변사태'이며, 일본은 '주변사태 선박검사 활동법'에 따라 자위대가 북한에 대한 규제대상 물품의 반입을 감시하게 된다. 이 활동은 유엔 안보리 결의 또는 선적국船籍國의 동의를 전제하며, 승선검사에는 선장의 동의를 필요로 하는 등 강제력을 갖고 있지 않은 활동이다.

이것은 주변사태가 아직 '일본 유사' 단계는 아니기 때문에, 선박검사가 무력행사가 되지 않도록 하기 위한 궁리였다. 검사를 거부하고 항행航行하는 선박에 대해서는 임검을 맡은 타국에 통보해 대처를 위임하게 되는데, 그것으로 좋은가 하는 문제제기는 입법제정 시기부터 있었다.

'주변사태 선박검사법'이 주로 상정하는 사태는 북한의 핵실험 등이 유엔의 제재대상이 되고, 과거 한국전쟁 시 유엔군의 일원으로 참가했던 여러 국가들이 해상봉쇄에 참가했던 것과 같은 사태이다. 한편 오늘날 논의되고 있는 임검은 미국에 대한 공격을 전제로 하고 있기 때문에, 제재의 단계를 넘어서 이미 전쟁상태가 되고 있는 사태이다. 미국은 한반도 주변 해역을 전투지역combat zone으로 지정하고, 민간 선박의 운항을 원칙적으로 금지한다. 그렇게 되면 북한에 대한 물자반입은 러시아 국내를 경유하든지, 중국의 연안을 통해서 항만에 짐을 부리기 때문에 중국 국경을 경유하게 된다.

오늘날에도 북한에 대한 제재조치는 금융 방면에서는 일정한 영향을 미치고 있지만, 중국에서의 물자반입으로 사실상 무력화되고 있다. 하물며 실제 전쟁이 벌어진다면, 전국戰局의 추이는 북한의 '계전繼戰능력(전쟁을 계속하는 능력)'뿐만 아니라 중국의 태도에 의해서 크게 좌우된다. 그렇다면 중국을 제재에 참가시키거나, 적어도 중립입장으로 유지시키는 외교가 우선적인 과제가 된다. 그렇지 않을 경우, 아무리 강력한 선박검사 조치를 취한다고 해도 실질적인 의미는 결여된다.

⑥ 중요한 해상교통로인 국제해협에 부설된 기뢰 제거

오늘날 ⑥의 항목에서 상정되는 것은 이란일 것이다. 이란은 핵개발을 둘러싸고 미국 및 유럽과 계속 대립했다. 쌍방의 주장이 대립해 긴장이 높아지는 가운데 이란은 호르무즈Hormuz 해협(페르시아 만과 아라비아 해를 잇는 해협)에 기뢰부설의 가능성을 언급하고, 2012년에는 미군을 중심으로 일본 자위대를 포함한 34개 국가가 참가한 소해掃海훈련이 실시되었다.

이란은 수백 개의 기뢰를 부설할 수 있는 능력이 있다고 알려져 있으며, 이것을 제거하기 위해서는 수주에서 수개월이 요구된다. 이 때문에 호르무즈 해협이 봉쇄되었을 경우, 일본에 대한 원유 등의 수입이 일정 기간 두절된다. 또한 이란을 둘러싼 군사정세가 긴박해졌을 경우, 기뢰봉쇄가 이루어지기 이전부터 유조선tanker의 페르시아 만 항행이 어렵게 되며, 어쨌든 일본 에너지 공급의 약 90%를 차지하는 걸프 국가들에서의 수입은 수개월에 걸쳐 두절될 것으로 예상된다.

일본은 걸프 전쟁의 종료 이후 페르시아 만에 소해부대를 파견해 기뢰제거를 행했는데, 이것은 전쟁이 종료된 이후의 유기遺棄기뢰였으며, 자위대법에서 규정하는 '해상에서의 위험물 제거'를 근거로 했다. 한편 이란이 미국 등과의 전투의 일환으로 부설한 기뢰를 제거하는 것은 무력행사에 해당한다.

전투의 수단으로서 기뢰제거는, 미 항공모함을 호위하는

것이 주된 목적이라면 집단적 자위권이 되지만, 일본으로 향하는 유조선 보호가 목적이라면 결과적으로 타국 선박의 안전에 연결되었다고 하더라도 일본의 개별적 자위권의 발동으로 설명하는 것이 가능할 것이다. 일본으로 향하는 유조선이 이미 퇴피退避한 이후라면 개별적 자위권으로 설명할 수 없지만, 그렇다면 '우리나라에게 중요한 해상교통로이기 때문에 기뢰를 제거하지 않으면 안 된다'라는 논리보다 전쟁 그 자체를 조기에 종결시키지 않으면 안 된다.

그런데 전투를 위한 항로 확보의 경우 평균적으로는 부설된 기뢰의 10% 정도를 제거하는데, 유조선의 안전을 위해서라면 거의 100%의 기뢰처리가 필요하다.

이 사례에서 본질적인 문제는 미국과 이란 간의 전쟁이 어떠한 양상이 될 것인가이다. 이란은 약 200대의 전투기와 다수의 고속 미사일정艇과 소형 잠수함을 보유하고 있는데, 미군에게 위협이 되는 것은 이란이 보유한 미사일과 잠수함일 것이다. 또한 미국이 거점으로 삼고 있는 걸프 국가들에 대한 미사일 공격에도 대비하지 않으면 안 된다. 미국의 우선적인 군사과제는 이러한 미사일, 고속정高速艇 및 잠수함 등을 무력화시키는 것이다.

이 때문에 미군은 페르시아 만이 아니라 인도양에 항공

모함을 배치하고, 위협이 되는 이란의 전투력을 원거리에서 배제하는 작전을 채택하게 된다. 이란과 미국의 전력비戰力比를 고려한다면, 이러한 작전은 비교적 단기(1주일 정도)에 끝난다는 견해도 있다. 또한 미국도 이스라엘과 사우디아라비아 등으로 사태가 확대되지 않도록, 압도적인 병력을 사전에 준비해 단기간에 전투를 끝내는 것이 필요하다. 동시에 전후 혼란에 대처하기 위해 유엔과 아랍연맹 등 국제기구의 찬동을 얻지 못한다면, 전쟁 그 자체를 결정하는 것이 어렵다.

거꾸로 이란의 입장에서 보자면, 스스로 기뢰봉쇄를 행해서 미국의 공격을 유발하는 것은 생각하기 어렵다. '호르무즈 해협 봉쇄'는 구미歐美와의 핵개발을 둘러싼 대립관계에서의 외교적 수사에 지나지 않는다고 생각하는 편이 상식적일 것이다.

어쨌든 상당한 위협이 잔존하는 한 소해掃海활동이 효과적으로 실시되지 못할 것으로 생각되기 때문에, 일본의 소해정掃海艇이 활약할 경우가 있다면, 이란 측의 위협이 유지되고 있는 전투 초기가 아니라 위협이 제압된 전투 종료 이후에 걸프 전쟁 때와 마찬가지로 유기기뢰 제거로 진행될 가능성이 높다.

그렇다면 그 사이 일본은 어떻게 원유 부족에 대처할 것인가? 일본에는 정부 및 민간을 모두 합쳐서 약 200일분의 원유비축이 있다. 이란의 전투능력을 제압하는 일주일 동안 1척의 소해정이 이틀에 1발씩 기뢰를 처리한다면, 10척의 소해정이 100일에 500발의 처리가 가능하다. 실제로는 그다지 간단하지 않더라도, 호르무즈 해협의 수심이 얕기 때문에 기뢰발견은 크게 어렵지 않다고 생각된다. 따라서 간단히 말해 일본의 원유비축의 절반 남짓을 소비한다면 해낼 수 있다는 계산이 된다. 적어도 그러한 검토가 이루어지지 않으면 안 된다.

또한 이란은 2013년 대통령 선거 이래 구미와의 교섭 노선에 키를 잡고 있으며, 해협봉쇄 시나리오의 개연성은 갈수록 멀어지고 있다.

여기까지 아베 총리의 발언과 '안보법제간담회'에서 검토되고 있는 것으로 여겨지는 네 가지 '구체적인 사례'에 대해서 그러한 사태가 발생할 개연성, 나아가 실제로 일어났을 경우 미국의 필요, 그리고 일본의 선택지를 검토했다. 결론적으로 어쨌든 현실에서 발생할 가능성은 낮고, 또한 일본이 집단적 자위권을 행사해 행동하지 않는다면 필연적으로

'미일 동맹이 붕괴한다'라고 말할 것은 아니라는 것을 알 수 있다.

애당초 집단적 자위권이란 자국이 공격받지 않는 경우에 타국을 지키기 위한 근거이다. 따라서 이것을 행사하지 않으면 안 되는 일본의 상황에 대한 '구체적인 사례'를 궁리해 내는 것 자체에 무리가 있다.

③, ④ 해외에서 외국 군대의 방호 등

다음으로 국제협력을 둘러싼 두 가지 구체적인 사례, ③ 해외에서 타국 군대의 방호, ④ 해외에서 타국 군대의 전투 행위와 밀접하게 관련된 지원활동에 대해서 검토하겠다.

제1차 아베 정권의 '안보법제간담회'에서 제기된 ③, ④ 의 구체적인 사례는 이란에서의 다국적군 지원을 염두에 둔 것이었다.

이라크 남동부 사마와Samawah에 파견된 육상자위대陸上自衛隊의 숙영지宿營地 근처에는 지역의 치안을 담당하는 네덜란드군(후에 오스트레일리아군과 교대함)의 숙영지가 있었다. 인도부흥 지원을 임무로 하는 자위대는 '네덜란드군에게 지켜지는 한편, 네덜란드군이 공격받았을 경우에는 인도부흥 지원의 의무를 지키지 않는다'라는 제약이 있었다.

그렇지만 사마와를 포함한 무산나Muthanna에서의 활동은, 네덜란드군이 지역치안을 담당하고 일본 자위대가 외무성外務省 직원과 비정부기구와 함께 부흥 지원을 행하는 역할분담으로 성립되었다. 네덜란드군은 일상의 순찰을 행하고, 자위대 숙영지에 포격이 있다면 그 현장에 급행하는데, 자위대의 시가지에서의 활동을 직접 호위했던 것은 아니다. 자위대에게 스스로를 지키기 위한 무기사용은 허락되었기 때문이다.

또한 자위대는 현지 주민을 적극적으로 고용하는 등 지역 주민과 교류하며 활동하고 있으며, 주민에게 직접 무기를 겨누는 일은 없었다. 지역 주민도 '경제대국 일본'을 대표하는 자위대를 신뢰했다. 이러한 현지 부대의 노력이 주민을 아군 편으로 만들어, 치안정보를 얻는 등 자위대 안전에 기여했다.

아베 총리는 "타국 군대의 달려가기 경호"를 강조한다. 그것은 이라크의 무장세력 토벌작전에 종사하는 것과 같은 경우에는 필요하지만, 비교적 치안이 안정되어 있는 지역에서의 인도 지원에서는 오히려 주민과의 쓸모없는 마찰을 유발시킬 가능성이 있다.

과거 소말리아에서 좌절했던 PKO와 같이, 유엔이 적극적으로 평화의 방해자와의 전투를 상정했던 1990년대 초의 '평화 강제형 PKO'에서는 '달려가기 경호'와 같은 역할이 필요했다. 그렇지만 오늘날 유엔 PKO는 국가 만들기나 주민 및 문민文民에 대한 보호를 중심으로 하는 '복합형 PKO'로 이행하고 있다. 거기에서는 특히 선진국에게는 기술과 관리 능력을 활용한 분야의 참가가 기대되며, 그 이외의 국가에게는 문민과 주민의 보호를 위해서 충분한 병력을 제공하는 것이 기대되고 있다.

남수단에서도 자위대의 임무는 인프라 정비로, 시설부대를 핵심으로 하는 편성이 되고 있다. 자신의 방호에 필요한 경비요원만 배치되어 있지만, 내전에 가까운 상황이 된 후 자위대는 유엔 시설 내로 피난하는 현지 주민을 지원하고 있다. 만약 지역치안을 담당한다면, 수백 명에서 수천 명 규모의 보통과普通科(보병) 부대를 파견할 필요가 있는데, 그러한 임무는 아프리카 국가들이 담당하고 있으며, 일본에게 요청되지 않고 있다.

그럼에도 치안 담당 부대가 난민을 일본 숙영지로 유도한다면 일시적으로 보호받고, 그곳에서 새로운 피난처로 이송해준다는 신뢰감이 있다면 PKO 전체의 임무는 달성된다. 중요한 것은 각국의 연대와 협력이며, '일본이 그 무엇이라도 하게 된다'라는 것이 아닌 것은 확실하다.

2013년 말, 아베 내각이 각의 결정한 '국가안전보장전략NSS'에서는 "분쟁 이후의 긴급 인도 지원에서 부흥 지원에 이르는 빈틈없는seamless 지원 등, 유엔 주도의 행동에 적극적으로 참가"하는 것, '공적개발원조(ODA: Official Development Assistance)의 전략적 활용과 NGO와의 연대, 종래의 계획에서는 대응할 수 없었던 기관에 대한 지원(예를 들면 군, 경찰 등에 대한 장비제공과 훈련실시를 지칭하고 있는 것으로 여겨진다), 평화구축을 위한 인재육성'이 구가되고 있다. 동 시기에 각의 결정된 '방위계획의 대강'에도 'PKO와 긴급원조를 위시한 활동을 적극적이며 다층적으로 추진한다'라고 논하고 있다.

이러한 것을 솔직히 독해하면, 일본이 자신 있는 분야를 살리는 계획적이며 정연整然한 활동을 폭넓게 행하고자 하는 취지라고 이해할 수 있는데, 이러한 활동의 어디에 '타국의 군대를 지킨다'라는 필연성이 있는 것일까?

⑦ 영역경비

마지막으로 ⑦의 영역경비에 대해서 검토하겠다. 2012년 민주당 정권에 의한 센카쿠 국유화 이래, 중국은 공선으로 센카쿠 열도 주변 영해의 침입을 상시화해 일본의 실효지배를 무실화無實化하고자 하고 있다. 해상보안청이 전체 전력의 절반 정도의 세력을 투입해 이것에 대응하고 있는데, 중국의 국가방침으로 반복되고 있는 침입을 막을 수 있는 수단은 없다.

일본 해상보안청은 경찰기관으로 외국 정부의 선박에 대해서는 관할권이 미치지 않기 때문에, 퇴거를 요청하는 것은 가능하지만 강제 배제는 불가능하다. 만약 자위대가 해상경비 행동으로 출동하더라도, 경찰권警察權 행사인 이상 마찬가지의 대응만 할 수 있다. 거기에서 더욱 강력한 조치를 취할 수 없는가 하는 문제의식이 생겨났다. 이것은 헌법의 문제가 아니라, 국제해양법과 자위대법의 문제이다.

영해 내 잠수함에 대한 강제조치

2004년, 중국의 잠수함이 일본의 영해를 침범했다. 외국 선박의 영해침범에 대한 대응은 기본적으로 해상보안청의 임무인데, 순시선에는 잠수함에 대한 탐지·통신 능력이 없기 때문에, 1996년 각의 결정에서 자위대에 해상경비 행동을 발령해 대응하는 것이 정해졌다. 이때 필자는 내각관방에 있었는데, 방위청에서 통보를 받고 관저의 간부와 대응을 협의했다. 그렇지만 총리가 해상경비 행동을 승인했던 시점에서는 잠수함은 이미 영해를 벗어난 이후였다. 즉, '놓쳐버린' 것이다.

그럼에도 영해로의 재침입을 대비해 일본 해상자위대는 잠수함을 계속 포착했고, 수중전화에 의한 교신과 발음탄發音彈을 투하하는 등을 통해 부상浮上을 재촉했는데, 잠수함은 중일 중간선을 넘어서 중국으로 향했기 때문에 해상경비 행동은 종결되었다. '외교 루트'를 통한 항의에 대해서, 중국 측은 항법기기의 고장에 의한 것이라고 변명했다.

그렇다면 잠수함이 영해 내에 머물러 있는 경우에는 어떠한 대응이 가능할까? 유엔 해양법 조약에서는, 군함의 경우 타국 영해에서 배회하며 정보를 수집하고 있는 경우를 제외하고 무해통항권無害通航權이 부여되고 있다. 잠수함의 경우 부상해서 기旗를 게양하고 통과하는 것은 무해통항으로 간주되는데, 퇴거요청에도 불구하고 영해 내에 잠몰潛沒하는 행위는 목적 여하를 불문하고 위법한 행위이다.

유엔 해양법 조약은 '무해하지 않은 통항'을 방지하기 위한 필요한 조치를 취하는 것을 인정하고 있다. 그렇지만 해양법 위반이었다 하더라도, 무력공격이 없는 단계에서 즉시 자위권(이 경우에는 당연히 개별적 자위권이지만)을 행사해서 반격할 수 있는 것은 아니다. 1974년 유엔 총회 결의 가운데 '일국의 군대에 의한 타국 영역의 침입'은 침략이라고 단정되고 있는데, 육상의 국경선을 넘는 경우라면 할 수 없지만 영해 내에 머물러 있을 뿐이고 그 어떤 공격을 행하지 않는다고 하면, 이것을 격침시키는 것은 일본이 영해주권을 침해받은 것과 상대 잠수함 승무원의 생명이라는 법익法益의 균형상에도 문제가 있다.

이러한 경우의 대응에 대해서 확립된 국제관행은 없는 것으로 생각되는데, 우선 잠수함이 소속되어 있는 국가의 정부에 통고해서 퇴거를 요구하고, 거부되었을 경우에는 잠수함에 피해가 미칠 수 있다는 취지를 경고하게 될 것이다. 동시에 위법행위로 국제사법재판소와 유엔 안보리 등의 국제기구에 보고하는 것도 필요하다. 무력행사의 정당성을 둘러싼 판단에서 '어느 쪽이 먼저 공격했는가'가 사실상 큰 의미를 갖는다는 것을 생각하면, 이러한 절차는 신중하게 밟을 필요가 있을 것이다.

그 위에서 자위권의 일환으로 잠수함이 도주할 수 없도록 추진장치의 기능을 파괴하고, 부상을 강요하는 등의 대응이 고려된다. 필자는 이것은 의도적 및 계획적인 침략에 대한 다른 수단이 없는 경우의 자위조치이며, 현행의 방위출동에 의해서도 가능하다고 생각한다.

또한 보통 상대국은 국제법을 위반한 잠수함이 자국의 것이라고 인정하지 않는다. 이 경우에는 국적 불명의 배가 되기 때문에, 자위권이 아니라 경찰권으로 마찬가지의 조치를 취하는 것도 가능할 것이다.

그런데 이러한 사태가 실제로 일어날 수 있는 것일까? 잠수함은 은밀성이 생명이다. 발견된다면 필사적으로 도주하는 것이 잠수함의 통상적인 행동으로, 영해 내에 머물러 있는 것은 상대에게 생살여탈권生殺與奪權을 잡히고 있는 꼴이다. 특히 통상 동력의 잠수함은 언제까지라도 잠몰해 있을 수 없기 때문에, 침해를 당한 해당 국가는 수상水上 함정과 잠수함으로 포위하면서 상대의 출방出方을 기다리는 것이 가장 현명한 대응이다. 공격을 하려는 기색을 보이면 즉시 반격을 받기 때문에, 먼저 나설 필요가 없다.

구소련 발트해 함대의 잠수함이 대서양에 나가기 위해 스웨덴 연안의 험준한 길을 통과할 필요가 있었고, 몇 차례나 영해침범을 반복했다. 한편 중국의 잠수함이 서태평양으로 나가기 위해서는 미야코 수도宮古水道(오키나와 본도와 미야코 섬 사이)의 넓은 공해, 혹은 바시Bashi 해협(필리핀 북단의 바탄 제도와 타이완 본도 사이)이라는 넓고 깊은 통로를 지나야 한다. 정보수집은 일본의 해군기지에 가까운 해협 바깥에서 잠수한다면 가능하다. 전시戰時에는 그렇다고 해도 중국의 잠수함이 상대에게 발견되기 쉬운 수심이 얕은 난세이南西 제도의 일본 영해에 머물러 있다는 것은 통상적으로 있을 수 없는 일일 것이다.

오히려 문제는 영해에 머물고 있는 중국의 '해양감시선海監' 등 군함이 아닌 공선에 대한 대응일 것이다. 이러한 것도 무해통항이라고는 말할 수 없지만, 상대가 군함을 보내지 않는 한 일본도 해상보안청이 대응해야 하며, 군함인 잠수함에 대한 규정을 무작정 확대해서는 안 된다. 영해에 공선이 머무는 행위는 명백히 도발적 행위이지만, 상대의 도발에 말려들어 자위대를 파견한다면 무기사용이 가능해지는 것은 정당방위의 경우이며, 특히 상대가 군용기가 아니라 비무장 항공기와 무인기를 보내고 있는 한 그 요건을 엄격하게 지킬 필요가 있다.

센카쿠를 둘러싸고 긴장이 높아지고 있는 가운데, 중국이 다양한 도발을 해올 것으로 예상된다. 2012년 2월 ≪인민일보人民日報≫에는 "놈(일본)보다 앞서 참견하라"라는 취지의 논문도 게재되었다.

이러한 상황에서 필요한 것은 새로운 법률을 만들어 현

장에 무기사용의 판단을 위임하는 것이 아니라, 정부의 책임 아래 사태의 확대를 방지하는 정치적 이성과 인내를 견지하는 것이다.

어민을 위장한 무장집단이 상륙했을 경우

어민을 위장한 무장집단의 상륙은 '안보법제간담회'에서 직접 논의되고 있는 것은 아닐지 모르지만, 세간에 이러한 시나리오가 언급되고, 국민의 관심이 있는 사례이기 때문에 함께 고찰하겠다.

유엔 총회 결의의 정의에 따르면, '(군대에 의한 침략에 상당할 정도의) 무장한 집단, 단체, 비정규 병사 혹은 용병 국가에 의한 혹은 국가를 위해 파견 또는 그러한 행위에 대한 국가의 실질적 관여'는 침략에 해당한다.

만약 센카쿠 열도에 '무장한 집단'의 상륙이 있었다고 하면, 파견시킬 의도와 능력을 갖고 있는 것은 중국, 타이완 이외에는 없다. 이러한 움직임은 일상적으로 감시되고 있으며, 어느 쪽의 관여인가를 밝혀내는 것은 별로 어렵지 않다. 그 경우, 일본은 이것을 침략으로 인정하고, 방위출동으로 자위대가 제거하는 것이 가능하다.

'방위출동은 상대의 정체를 알 수 없기 때문에 장애hurdle

가 높다'라는 의견도 있지만, 필자로서는 이해가 되지 않는
다. 일본 자위대 및 해상보안청의 정보능력은 그 정도로 낮
지 않다. 만일 밝혀내는 것이 곤란해서 방위출동의 판단을
할 수 없는 경우에도 상대가 소총과 기관총, 바추카포 혹은
휴대 미사일로 무장하고 있다면, 자위대법 제90조 제3항의
치안출동에서의 '강력한 무장을 한 집단에 대한 위해危害 사
격'에 의해 제압하는 것이 가능하다. 이 조문은 북한의 무장
공작원을 염두에 두고 추가된 것으로, 자위대가 상대의 물
리적 저항력을 빼앗고, 경찰기관이 신병을 구속한다는 역할
분담도 가능케 하고 있다.

따라서 이러한 경우에 대해서 현행법에 미비점이 있는
것만은 아니다. '방위출동의 장애가 높다'라는 것은 법률에
어떠한 틈이 있기 때문이 아니고, 사실상 전쟁상태를 인정
하는 것이 되어 국내외에 미치는 영향이 크기 때문이다. 만
약 새로운 법제를 만들더라도 자위대에 의한 무장사용을
수반하는 조치를 취한다고 한다면, 그것을 정부가 그 어떤
명칭으로 부른다고 해도 정세의 커다란 전환점이 되는 것
에는 변함없다.

여기에서 요구되는 것 또한 정치의 이성理性과 국제적으
로 대항할 수 있는 절차에 입각한 대응이다.

제5장

'적극적 평화주의'의 덫

정의定義가 없는 '적극적 평화주의'

아베 총리는 '적극적 평화주의'를 핵심어로 내세우며 활발한 외교활동을 전개하고 있다.

그것은 동남아시아, 몽골, 인도, 러시아 등 중국을 둘러싼 국가를 중시하는 의미에서는 '중국 포위망 외교'이며, 사우디아라비아 등 이제까지 직접적으로 방위협력 관계가 없었던 국가들과 안전보장 대화를 제도화하는 제안을 하고 있는 점에서는 '방위협력 외교'이고, 인프라 정비 지원으로 베트남과 중동에 원자력발전의 대외 수출확대를 도모하는 점에서는 '원자력발전 외교'이며, 터키, 오스트레일리아, 영국, 인도 등 일본의 무기기술을 요구하는 국가에 전향적으로 대응하고자 하는 의미에서는 '무기수출 외교'라는 특색도 갖고 있다.

중동, 아프리카, 오세아니아에 대해서는, 자원획득을 위해 이러한 국가들에 대한 침투를 강화하고 있는 중국과 경합하고 있으며, 글로벌한 영향력을 획득하기 위한 외교이기도 하다.

아베 총리는 정권 발족 1년을 맞이하면서 '적극적 평화주의'를 공식적인 핵심어로 설정한 것으로 보인다. 취임 이래 '가치관 외교', '주장하는 외교' 등 다양한 핵심어를 사용했는데, 2013년 말에 각의 결정된 국가안전보장전략에서 "국제협조주의에 기초한 적극적 평화주의"를 "우리나라의 국가안전보장의 기본이념"이라고 공식적으로 천명했다.

2014년 1월의 시정방침 연설에서는 필리핀의 태풍 피해에 대한 지원, 아덴 만(소말리아 해협)에서의 해적 관련 대책, ODA를 활용한 의료·보건 분야에서의 생활수준 향상 등 '인간의 안전보장'에 더해, 시리아의 화학무기 포기를 위한 협력, 이란 핵개발 문제의 평화적 해결을 예시하고, "이러한 활동 전체가 세계 평화와 안정에 공헌하게 된다. 이것이 '적극적 평화주의'이다", "전후 우리나라의 평화국가로서의 발걸음은 향후에도 변하는 일이 없다"라고 논했다.

이 대목만을 들으면, 종래의 자위대에 의한 국제평화협력을 포함한 일본 외교는 적극성을 증가시킬 뿐 질적으로 변화는 없는 것으로 생각된다. 하지만 시정방침 연설에서는 이어서 "집단적 자위권과 집단안전보장에 대해서는 '안전법제간담회'의 보고에 입각해 대응을 검토한다"라고 덧붙였다. 그 보고를 받아서 헌법해석을 재검토했을 경우, 적극적 평화주의가 어떻게 변모할지에 대해서는 전혀 설명이 없다.

무엇보다 시정방침 연설에서도 국가안전보장전략에서도 '적극적 평화주의란 무엇인가'에 대한 정의는 일절 설명되지 않고 있으며, 포함되어 있는 구체적인 정책메뉴도 헌법해석의 재검토가 없어도 가능한 것일 뿐이었다.

'원전原典'으로서의 정책제언

그렇다면 적극적 평화주의란 무엇일까? 적극적 평화주의의 사고방식에는 기본토대가 되는 원전이라 말할 수 있는 정책제언이 있다.

2009년 싱크탱크인 '일본국제포럼'이 "적극적 평화주의와 미일 동맹의 존재양태"라는 제목의 정책제언을 발표했다

(2014년 3월 현재, 아베 총리는 이 단체에 참여하고 있다). 그 기본적 사고방식에는 전후 일본이 미국에 주된 안전보장의 역할을 위임함으로써 평화를 누려왔던 입장을 '일국평화주의', '소극적 평화주의'로 간주하고, 오늘날의 국제화된 세계에서는 '능동적 평화주의', '적극적 평화주의'의 입장에 서서 국제질서 유지에 대한 적극적인 역할을 수행해야 한다는 것이다.

그 배경에는 다음과 같은 인식이 있다. 미국을 중심으로 하는 민주주의 체제는 내부적으로 전쟁을 불필요한 것으로 여기는 '부전不戰공동체'이며, 냉전종식으로 그러한 인식이 세계적으로 확대된 오늘날 이러한 부전공동체를 지키는 일이 필요하다는 인식이다. 또한 주체적 조건으로서 일본의 '일국평화주의'의 실태는 미국에 의해 보호되기를 바라는 것이었지만, 미국으로부터 자립해 자국만으로 안전을 실현시키는 것도 불가능하다는 인식이 있다.

이 정책제언은 기존 일본의 안보 정책을 '군사대국이 되지 않는다', '핵을 반입하지 않는다', '무기를 수출하지 않는다'라는 ' …… 하지 않는다'라는 부정형否定形의 정책으로 파악해 향후 일본이 무엇을 할 것인가를 명확하게 했다면, 전후 줄곧 미국에 일방적으로 의존했던 안보전략인 '요시다吉田 독트린'에서 벗어나 새로운 안보 독트린을 구축할 수 있다고 지적하고 있다.

필자는 이것 자체에 반대하지는 않는다. 미일 동맹에 의존하고, 사고정지思考停止하는 외교·안보전략을 통해서는 일본 독자獨自의 전략적 발상은 자라나지 않기 때문이다. 그렇지만 일본 독자의 능동적 선택은 그 목적을 평화적이며 공정한 세계질서를 지향하는 것으로 삼고, 다양한 수단을 활용해 국가의 자세로서, 타국을 강제하는 것 같은 하드파워hard power에 의지하지 않는 억제적인 것이어야 한다고 생각한다.

이 정책제언은 그 이념과는 달리 구체적 제언으로 '비핵 3원칙' 등 방위정책 기본의 재검토, 집단적 자위권의 행사 용인, '무기수출 3원칙'의 재검토를 주장하고 있다. 즉, 종래의 억제적 자세를 부정하고 있다.

다만 헌법해석의 변경을 명확하게 요구하고 있는 것은 '미국을 향해 발사된 탄도미사일의 요격'과 '(자위대와) 행동을 함께하는 미 함선에 대한 공격의 방호'를 위한 집단적 자위권뿐이고, 국제평화협력에 관해서는 매회 특별입법에 의한 대응을 멈추고 일반법의 제정을 추구하고 있을 뿐으로 헌법해석 재검토는 언급하지 않고 있다. 또한 군사력에만 의지하지 않는 장기적 전망, 예를 들면 '동아시아에서의 대화와 협력의 주도권을 장악하는 것,' '미국과의 협력을 전제로 한 중국과의 대화 틀의 제도화' 등도 제시되고 있다.

이러한 정책제언에 비추어 보면, 아베 총리가 말하는 적극적 평화주의는 실제로 국민이 받아들이기 쉬운 구체적인 사례를 나열하고 있을 뿐이며, 전략적 이념도 전후사戰後史 가운데 어디를 바꿀 것인가 등의 역사적 시각이 없다는 것을 알 수 있다. 또한 집단적 자위권의 행사 용인이 어떤 함의를 갖고 있는가에 대해서 책임 있는 설명조차 하지 않고 있다는 것은 아주 명백한 사실이다.

시정방침 연설에서 아베 총리는 "우리나라의 평화국가로서의 발걸음은 향후에도 변하는 일은 없다"라고 하며 "재해구난과 핵문제의 평화해결 등의 외교노력"을 한다고 말했다. 그렇지만 본래 상식적으로 생각해서 "평화국가로서의 발걸음"이 의미하는 바인 해외에서의 무력 불행사, 집단적 자위권의 부정, 비핵·무기수출금지 등의 여러 원칙은 제외하고, 평화국가의 개념이 변질되고 있다.

결국 아베 정권의 적극적 평화주의라는 슬로건은 헌법해석 변경에 대한 국민적 저항을 감소시키기 위한 수사에 불과한 것이다.

아베 총리는 그 이후 국회 질의에서 헌법해석의 재검토

를 각의 결정으로 행한다고 역설하는 등, 시정방침의 내용
을 훨씬 초월한 답변을 반복하고 있다.

NSS에 보이는 적극적 평화주의

2013년 말에 정부가 각의 결정한 '국가안전보장전략'에는
'국가안전보장의 기본이념'이 언급되어 있다. 이는 다음과
같다.

국제정치경제(군사는 포함되지 않는다_저자 주)의 주요 행위자
player로서 국제협력주의에 기초해 적극적 평화주의의 입장에
서, 우리나라의 안전 및 아시아·태평양 지역의 평화와 안전을 실
현하면서, 국제사회의 평화와 안정 및 번영의 확보에 더욱 적극
적으로 기여한다. 이것 자체가 우리나라가 제시해야 할 국가안
전보장의 기본이념이다.

그 위에서 NSS는 '국가안전보장의 목표'로 "억지력 유지,
미일 동맹 강화와 역내외域內外 파트너와의 협력과 실제적
인 안전보장협력의 추진, 보편적 가치와 규칙에 기초한 국
제질서 강화 및 분쟁해결에 대한 주도적 역할"을 들고 있다.

또한 그것을 위한 '전략적 접근'으로서 "우리나라의 능력과 역할의 강화 및 확대"가 필요하며, "국제사회의 과제를 주도적으로 설정하고, …… 우리나라의 입장에 대한 지지를 끌어모으는 외교적인 창조력 및 교섭력과 우리나라의 매력을 활용한 소프트 파워soft power"를 중시해야 한다고 하고 있다.

이러한 기술記述로 볼 때, 헌법에 대한 해석을 재검토할 필요의 동기부여를 읽어낼 수가 없다. 오히려 여기에서 언급되고 있는 이념, 목표, 수단은 NSS 후반에 언급되고 있는 구체적인 제언을 포함해 헌법해석의 재검토가 아니어도 실현 가능한 것들뿐이다.

"더욱 적극적으로 기여", "실제적인 안전보장협력", "과제를 주도적으로 설정" 등 그 의미가 설명되지 않는 형용사, 부사를 잘못된 방식으로 인식하면, "그것을 위해서는 헌법의 제약을 배제하지 않으면 안 된다"라고 독해할 수 있을지도 모르겠다. 하지만 그것으로 논리적인 설명을 다하고 있는 것이라고는 말할 수 없다.

또한 NSS는 "국제협조주의에 기초한 적극적 평화주의", "미일 동맹", "일본의 역할 강화"라는 세 가지의 축으로 구성되고 있는데, 정확히 10년 전 이라크 전쟁에서는 국제협조와 미일 동맹을 양립시킬 수가 없었고, 일본은 동맹을 선택해 미국의 무력행사를 지지했다.

예측 가능한 장래에 미국이 다시 이러한 무모한 전쟁을 하기 위해 달려 나갈 일은 없을 것이다. 그렇지만 미국의 전략이 자국의 국익을 기준으로 우선순위를 명확히 하는 방향으로 변화하고 있는 오늘날, '국제협조'와 '동맹'이 항상 동일한 방향을 향할 것이라는 보증은 없다. 그때 일본은 어떻게 양자를 일치시킬 것인가? 이것은 난문難問이지만 예측할수 있다. '상정想定 범위의 의문에 답을 갖지 않는 전략'은 국가전략으로서 중대한 결함을 내포하고 있다.

필자는 이번 NSS의 기본인식에 대해서 '풍요로운 문화와 전통을 계승하면서 자유와 민주주의를 기조로 하는 우리나라의 평화와 안전의 확보'를 안전보장상의 국익으로 제기하는 것, '주권·독립의 유지와 영역보전, 국민의 생명·신체·재산'을 동렬同列에 두는 것 등 논의해야 할 논점은 많다고 생각한다.

이것은 '풍요로운 문화와 전통을 지키는 것을 전제로 해서 자유와 민주주의가 있으며, 그것을 위해서 국가를 지킨다'라는 논리이며, '문화와 전통'에 대한 다양한 해석도 포함해 국민의 사상·신조의 자유를 지킨다는 논리가 아니다.

'문화와 전통'이 직접 외적의 위협에 노정露呈되는 성질의 것이 아니라는 것을 고려한다면, 이것을 안전보장상의 국익으로 삼는 것에는 의문이 든다.

영역을 보전하지 않으면 안 되는 것도 당연한 것이다. 하지만 예를 들면 센카쿠의 경우, 그것이 침범되는 것이 적어도 국민의 생명에 관한 것은 아니며, 또한 국민이 바라지 않는 정치체제를 강제하지 않는다는 의미에서 '주권 및 독립의 유지'와는 성질이 다르다. 바꾸어 말하면, 동일한 국익이라도 지키는 방법에는 차이가 있기 마련이며, 그것을 고려하지 않고 안전보장전략을 세우는 것은 불가능하다.

NSS가 내세우고 있는 다양하고 구체적인 외교과제가 많은 국민의 동의를 얻고 있다고 생각하지만, NSS 그 자체는 그 사상적 기반에 대한 의문이 제기되며, 또한 앞에서 언급한 바와 같이 추상적인 형용사와 부사가 대단히 많이 사용되고 있다. 그것은 전략목표라고 말하면서 일본이 어디까지 해야 할 것인가 하는 구체적·정량적定量的인 목표를 확정하지 않는 것의 표출이기도 하다. 어디까지 해야 할 것인가를 결정하지 않는다면, 방위력과 외교에 대한 자원배분이나 구체적 행동방침도 결정되지 않는다. 그 추상성 자체가 헌법해석의 재검토 논리에도 공통되는 것이 아베 정권의 특색이라고 말할 수 있다.

나아가 강하게 지적하고 싶은 것은 아베 정권이 NSS를 각의 결정했다는 것은 이 NSS가 현재 헌법에서 실현 가능하다는 전제를 포함한다. 나중에 "실은 헌법해석을 바꾸지 않으면 불충분한 전략이다"라는 변명은 불가능하다. 만일 그렇다면 그것은 헌법해석 변경을 위해 여론을 유도할 목적으로, 그 동기를 숨기고 '적극적 평화주의'라는 용어를 통해 설치한 국가와 국민에 대한 일종의 '덫'이다. 동시에 아베 정권이 지향하는 헌법해석 변경의 필요성을 스스로 부정하는 내재적인 '덫' 또한 될 수 있다.

예를 들면, 아베 총리의 야스쿠니 참배와 아베 정권에 의해 '고노河野 담화'를 검증하려는 움직임에 대해서는 NSS에 언급된 "우리나라의 입장을 강화하기 위한 창조적 외교, 우리나라의 우위를 활용한 소프트 파워의 중시"에 비추어서 해롭다고 생각하는 국민도 적지 않다. 스스로 각의 결정한 '전략'의 충실한 실행을 추구해간다는 관점에서의 검증 및 논의가 이루어지지 않으면 안 된다.

제6장

미국과 중국 사이에서 어떻게
살아남아야 하는가

세 가지 수단

국익이 서로 충돌하고 있는 국가 간 대립의 한가운데에서 일본은 향후 어떻게 생존하면 좋을까? 여기에서는 국가 간의 대립 중에서도 제도적으로 분쟁해결의 길이 어느 정도 마련되어 있는 것이다. 예를 들면 경제적인 분쟁이 아니라 영토문제 등 이른바 제로섬zero-sum적인 발상에 호소하기 쉽고, 국내 민족주의와 결부되어 군사적 충돌로까지 격화될 수밖에 없는 안전보장상의 대립에 대해서 고찰하겠다.

전쟁에 이르지 않게 국가 간의 대립을 해결하기 위해서는 세 가지의 방법을 생각할 수 있을 것이다. 첫째는 '억지'이다. 다만 억지는 상대방으로 하여금 힘의 행사를 하지 못하도록 하는 것이며, 국익의 대립 그 자체를 해소시키는 것은 아니다. 또한 이것은 상대가 힘을 사용한다면 더욱 강력한 힘으로 그 의도를 좌절시킨다는 위협의 작용이기 때문에, 상대보다 강하지 않다면 의미가 없다. 물론 그것은 전면적으로 강할 필요는 없고 상대가 추구하는 목적의 달성을 저지할 수 있을 만큼만 강하면 되는데, 상대는 억지되지 않으려고 더욱 강해지려고 한다.

그래서 억지는 한쪽이 강화될수록 상대도 강화된다는 순환을 발생시키고, 당초보다 안전보장상의 위협과 긴장을 높이는 '안전보장의 딜레마'라는 문제를 내포하고 있다. 나아가서는 억지가 실패했을 때 손해의 정도가 커지는 것은 피할 수 없을 것이다. 궁극적으로는 미소 냉전 시대의 핵무기에 의한 '상호확증파괴'라는 '공포의 균형'이 과거에 모습을 드러냈던 것도 배우지 않으면 안 된다.

두 번째 방법은 힘을 행사하지 않는 것의 반대급부를 명백히 하고, 상대에게 힘을 사용할 동기를 없애는 것이다. 그것은 경제적인 이익과 정치적 명예를 부여하고, 혹은 상대가 안고 있는 약점을 구제하는 등 다양하고 구체적인 수단으로 구성되는 '이익을 통한 억지'라고 할 수 있는 방법이다.

아베 총리는 "100년 전의 영국과 독일은 경제적 상호의

존에도 불구하고 전쟁했다"라고 논했다. 확실히 이익에 의한 억지는 상대의 이익판단에 의존하고 있다는 의미에서 상대방 나름이며, 힘의 행사를 방지하기 위한 충분한 대책은 아니다. 그렇지만 오늘날 경제의 상호의존 관계가 심화되었기 때문에 이익에 의한 억지 가능성은 역사상 전례 없이 크다는 것도 사실이다.

세 번째 방법은 '타협'이다. 상대가 힘의 행사를 통해서 달성하려는 목적을 충족시켜 줌으로써, 힘을 행사할 필요성을 상실하도록 만드는 것이다. 이것은 상대가 만족하면서 실제로는 우리도 일정 정도의 이익을 얻을 필요가 있으며, 타협이 성립하기 위해서는 쌍방에 양보할 수 있는 여지가 있고, 그것이 동질同質·동량同量일 필요는 없지만 균형적이라는 인식이 필요하다.

국가는 이러한 세 가지의 수단을 조합해 국익의 대립을 관리해왔다. 물론 대립하는 국가 간에 전쟁이 가장 경제적이 될 정도의 압도적인 힘의 차이가 있다면, 이익에 의한 억지와 타협은 성립되지 않을지도 모른다. 그러한 의미에서 억지는 전쟁회피를 위한 주요한 수단으로 계속되고 있다는 것은 틀림없다. 한편 억지는 그 자체가 대립을 없애주는 것이 아닌 이상, 국가 간의 대립을 관리·해결할 필요성을 상실하게 되는 것은 아니다. 따라서 안보 정책에서는 어떻게 억지를 기능시킬 것인가와 함께, 억지의 역할을 저하시키기 위해 무엇을 해나갈 것인가가 문제시 된다.

억지 역할의 저하를 위해

억지 역할을 저하시키고, 안전보장의 딜레마와 같은 사태를 피하기 위해서는 어떻게 하면 좋을까? 우선 억지의 결점인 군비확산軍費擴散 경쟁의 악순환에 끌려가지 않도록 해야 한다. 이는 상대에게 '군비확산'의 구실을 주지 않는 '조용한' 방위 노력이다. 혹은 상대에게 직접적인 위협을 주지 않는 대신, 상대가 무력에 호소할 경우 성공할 수 있는 확률을 계산 불가능하게 해 불확실성을 인식시키도록 하는 '비대칭적인 거부적 방위력' 구축에 전념하는 것도 일정 부분 효과가 있을 것이다.

일본은 미국의 전진기지를 안고 있다는 지정학적 조건이 있다. 중국의 군비 확대가 미국을 의식한 것인 한, 일본만의 조용한 억지를 통한 효과로 중국의 군비확산이 완화될 리는 없다. 그렇지만 미중이 상호 전면적 대립을 회피하는 '새로운 대국 관계'를 모색하고 있는 가운데, 일본의 큰

소리가 거꾸로 동북아시아 지역의 불안정 요인이 되는 위험성을 내포하고 있다는 것을 인식하지 않으면 안 될 것이다.

또한 국가 간 안전보장상의 대립을 힘이 아닌 규칙에 의해 해결하기 위한 '틀 만들기'가 필요하다. 이러한 규칙을 대다수 국가가 공유함에 따라 힘의 행사로 상실하게 되는 것을 크게 만든다. 그것은 일종의 군사력에 의하지 않은 억지이기도 하며, 규칙에 따르는 것에 대한 이익을 통해서 힘을 사용하지 않는 동기를 높이는 전략적인 수단도 된다.

단기적으로는 대립하는 국가들 간에 위기관리의 한정적인 규칙을 창출하는 것이 긴급을 요하는 과제이다. 특히 양자의 군대의 접촉기회(혹은 위험성)가 증대하고 있는 경우에는 우발적인 충돌을 피하고 나아가서 그것을 확대시키지 않기 위한 공통의 규칙과 대화수단이 필요해진다.

2013년 말 국가안전보장전략이 언급하고 있는 바와 같이 한국, 오스트레일리아, 아세안ASEAN, 인도 등 규칙을 공유하는 국가와의 협력은 필요하다. 그렇지만 이 같은 전략적 수단은 규칙을 통해 대처해야 할 대상인 중국에 대한 직접적인 움직임 및 설득이 없을 경우, 거꾸로 중국의 경계감을 강화시키는 것이 되어 성공하지 못하게 된다.

NSS는 중국을 이러한 '파트너 국가들'과 구별하고, 전략적 호혜 관계의 확대를 통한 신뢰 양성을 중시하고 있다. 실은 이쪽의 편이 '이익에 의한 억지' 전략에서 본질적으로 중요한 것인데, 오늘날 그 실현 가능성은 전혀 보이지 않는다.

타협이라는 측면에서 고려하면 이 수단은 국민에게 가장 인기 없는 수단이며, 정치에서는 가장 어려운 선택이다. 그렇지만 정치란 본래 국내에서 대립하는 이해를 전제로 한 '타협의 예술'이며, 외교는 국가 간의 '타협의 예술'이다.

과거 일본은 러일전쟁을 종결하는 과정에서 러시아에 대한 배상금을 요구하지 않고 강화講和를 선택했다. 전승을 믿었던 국민의 불만은 높았지만, 일본은 전쟁을 계속할 여력이 없었기 때문에 이루어진 선택이었다. 또한 오늘날 러시아와는 '북방영토 문제'로 어떤 형태든지 타협을 적극적으로 모색하려고 한다.

오늘날 일본과 중국 및 한국 간의 관계에는 역사인식과 영토를 둘러싼 불화가 확대되고 있다. 이러한 문제를 해결하기 위해서는 어떤 형태이든지 타협을 하지 않으면 안 되는데, 그 실마리조차 보이지 않는 현재상황이 계속되고 있다. 이것을 '억지'와 '주장하는 외교'만으로 해결이 가능하지 않다는 것은 명백하다.

파워 시프트와 동맹의 장래

현재 미중 간의 파워 시프트가 진행 중이다. 미국 측의 대체적인 견해는 향후 20~30년에 걸쳐 미국의 우위는 계속되며, 글로벌한 규모에서 중국이 미국에 '도전'하는 것은 불가능하다는 것이다. 그렇지만 동아시아에 국한해서 보면, 중국의 A2/ADAnti-Access/Area Denial(반접근/영역 거부) 능력으로 중국이 군사적으로 미국을 견제하는 능력이 높아질 것으로 보고 있다. 미국의 우위가 침식되고 있는 것이다.

미중의 군사적 균형을 측정하는 무대는 서태평양이며, 어느 쪽이 행동의 우위를 보지할 것인지 관심이 고조되고 있다. 서태평양에 미 항공모함 부대가 있을 경우, 동중국해 및 남중국해는 물론 중국 본토에 대한 공격도 가능하다. 한편 중국의 핵 탑재 원자력 잠수함이 서태평양에 진출한다면, 미국 본토를 직접 겨냥하는 것이 가능한 '핵의 제2격능력'(선제 핵공격을 받더라도 핵무기로 보복을 행하고, 괴멸적인 타격을 줄 수 있는 능력)을 수중에 넣게 된다.

미국은 이러한 정세에 대응해 중국의 단거리 및 중거리 미사일 사정거리 바깥에서 중국을 공격하는, 이른바 '해공전투구상海空戰鬪構想(Air-Sea Battle Concept)'에 기초한 전력의 재구성을 추진하고 있다. 한편 그것은 필연적으로 중국과의 전면적인 전쟁이 되기 때문에, 실제로 발동하기는 어려울 것으로 보고 있기도 하다.

현재 상황에서는 미중이 상호 간에 전면적인 전쟁을 일으킬 가능성은 없다. 그렇지만 이러한 전제는 작은 군사충돌이 핵전쟁에 이를 수도 있다는 인식을 했던 냉전 시대적 억지력을 제대로 기능하지 못하게 만들어, 되레 작은 충돌의 가능성을 높인다는 결론이 도출된다. 미국이 센카쿠를 둘러싼 중일 간의 대립이 실제로 군사충돌로 발전할 것을 우려하는 이유도 거기에 있다.

경제 방면에서 보면, 미중은 무역, 투자, 국채보유 등 부분적으로 배제하는 것이 불가능한 전면적인 상호의존 관계에 있다. 이와 같은 관계를 공통의 배경으로 미국에서 오바마B. Obama 정권이 성립된 후, 두 차례 중국과의 정상회담을 거쳐 군사 대결은 하지 않는다는 암묵의 합의가 형성되었다.

미국은 당분간 군사교류를 통해서 중국과 충돌회피를 위한 위기관리 규칙의 공유를 추진하게 될 것이다. 경제와 분쟁해결 원칙에 관한 분야에서는 다국 간에 이미 공유된 규칙에 따르는 것이 쌍방에게 이익이 된다는 설득을 통해 중국의 변화를 촉구하고 있다. 군사력의 우위만으로는 중국 대두에 따른 제 문제를 해결하는 것이 불가능하다는 인식이 미국의 컨센서스consensus가 되고 있다.

현재의 미중 관계는 민주주의와 인권 등의 가치관은 공유하지 않지만, 결정적으로 경제적 이익을 공유하고 있는 역사적으로 독특한 관계이며, 이 상황 자체가 냉전 시기 미소 관계와는 다른 '새로운 대국 관계'의 특색이다.

중국은 높은 경제성장을 배경으로 국방비의 두 자릿수 신장을 계속하며, 현재는 자국의 방위와 타이완에 대한 군사개입에 필요한 한도 이상의 군사력을 갖추고 있다. 그리고 미국과의 직접 대결을 피하면서 군사력을 배경으로 강경한 외교자세를 취하고 있다. 센카쿠를 둘러싼 강경자세도 그 일환이다.

한편 중국은 급속하게 진전되고 있는 고령화와 노동력 인구의 저하로 인해 경제성장을 밑받침하는 객관적 조건을 상실하고 있다. 빈부격차도 줄곧 개선되지 않고 있다. 그 가운데 항공모함 같은 고가高價 장비에 자원을 투입할 여유는 없어질 것이다. 동시에 중국의 강경한 자세가 주변국의 반발과 경계를 초래하고, 도리어 중국에게 불리한 국제환경을 가져온다는 '전략적 역설'에 처해 있다. 이것은 대다수 전문가의 견해이기도 하다.

중국은 국내의 모순을 다른 방향으로 돌리면서 이를 모면하기 위해 군사력으로 모험적인 행동에 나설 우려가 있다. 그렇지만 그것은 중국에게 파멸의 길이며, 미국이 가장 바라지 않는 길이기도 하다. 미국의 최대 국익은 중국의 정치·경제 양면에서의 '연착륙'이며, 그것에 입각해 당분간의 위기를 회피하고자 할 것이다.

그와 같은 인식에서 고찰하면, 일본이 '민주주의와 인권 등의 가치를 공유하는 국가이다'라는 이유만으로 미국과의 동맹 관계가 유지되는 시대는 더 이상 아니게 되었다고 필자는 생각한다. 어쨌든 미국과 일본이 '피로 맺어진 동맹'으로 세계에서 군사적 리스크를 공유하는 시대는 끝났다.

중요한 것은 미일이 커다란 전략목표를 공유하고, 미래의 새로운 대국 관계에서 중국이 바람직하게 변할 수 있도록 노력하는 것이다. 일본이 역사인식과 센카쿠를 둘러싸고 강경한 자세를 일관한다면, 미국뿐 아니라 일본 자신의 국익을 훼손시키는 것이 된다.

안성맞춤의 안보전략을 마련해야

클라우제비츠C. von Clausewitz가 말한 '전쟁의 삼위일체'는 국민을 동원하는 근대전쟁의 특징을 표현하고 있다. 즉, 민족주의를 위시한 감정을 지닌 '국민', 전투의 불확실성을 극복해낼 수 있는 판단력을 지닌 '군대', 국가의 지성知性을 대표해 합리적 판단이 가능한 '정부'가 있어야만 비로소 전쟁이 성공적으로 행해진다는 명제이다.

이것은 정치에 미치는 여론의 영향이 대단히 큰 오늘날에도 적용된다. 전쟁을 하고자 한다면 국민 여론의 지지가 불가결하며, 그 때문에 정치는 국민감정에 호소한다. 9·11 테러를 계기로 대테러전쟁에 돌입한 미국도 그러했다.

그러면 전쟁을 피하기 위해서는 어떻게 해야 할까? '삼위일체'의 제1 구성요소인 국민감정을 필요 이상으로 선동하지 않는 것이다. 문제가 되는 것은 '국가의 지성인 정부'가 국민의 과도한 민족주의를 어떻게 진정시킬 것인가이다.

그렇지만 오늘날의 동북아시아에서는 일본뿐 아니라 한국, 중국도 정권의 정통성을 지키기 위해 국민감정을 부채질하고, 전쟁을 피하는 방향과는 거꾸로 행동하고 있다. 위기의 본질은 거기에 있다.

전략이 현실적이 되기 위해서는 위기의 본질을 파악하지 않으면 안 된다. 또한 전략이 유효하기 위해서는 국가의 우위성을 살리고 국력에 부합하는 지속성이 있어야 한다.

전후 일본은 아시아 국가들의 경제성장에 공헌하고, 국제평화협력에서도 '총을 사용하지 않는', 현지의 요망要望을 배려한 독자적인 활동을 했다. 무기수출을 하지 않는 국가로 군비축소에 선도적인 역할도 수행했다. 이것은 일본이 구축한 자부심이며, 중국이 모방할 수 없는 우위성이다.

과거 일본의 방위력은 18만 명의 육상자위대, 60척의 해상자위대 함정, 430대의 항공자위대 항공기로 각 자위대의 주요 작전병력은 극동 소련군의 기습적인 공격에 대비했다. 1976년 '방위계획의 대강'에서는 그것을 상회하는 위협은 정치가 짊어져야 할 리스크로 인식되었다.

현재 일본 육상자위대 병력은 약 16만 명(정수定數), 해상자위대 함정은 47척, 항공자위대 항공기는 340대라는 세력으로 축소되어 있다. 이것으로는 센카쿠라는 작은 섬을 지키기에는 충분하지만, '지구 반대편'에서 타국을 방위하는 것과 같은 일은 불가능하다. 아베 정권은 2013년 말 '방위계획의 대강'에서 육상자위대의 낙도落島 방위기능의 향상, 해상자위대의 54척, 항공자위대의 360대 증세增勢를 결정했는데, 이것으로 무엇을 어떻게 지킬 것인가, 이 '병력'이 그것에 충분한 것인가 하는 문제의식은 제시되지 않고 있다.

집단적 자위권 행사로 새로운 임무가 부가된다면, 나아가서 어느 정도의 방위력이 필요해질 것인가, 그리고 그것에 소요되는 재정적 밑받침을 어떻게 할 것인가 등의 설명도 없다. 이것으로는 중국뿐만 아니라 일본 방위력의 불투명성도 비판을 면할 수 없다.

한정된 수의 방위력을 상회하는 '위협'을 인식하고 어떻게 관리할 것인가? 더욱 구체적으로 미국의 억지력을 어디까지 의존하면 좋은 것인가? 또한 정치가 위협의 발현發現과 충돌의 위험을 방지하기 위해 담당해야 할 역할은 어디까지인가? 이러한 것이 계산되고 있다고는 말하기 어렵다.

구체적인 검토가 없다면, 계속 세력을 증강하는 중국의 군사력에 대항하기 위해 방위력을 제한 없이 증대시키지 않으면 안 된다는 결론이 나온다. 그렇지만 그와 같은 것은 불가능하다.

전쟁은 정치의 연장이다. 더욱 명확하게 말하자면, 정치의 실패는 본래 방지해야만 하는 '쓸모없는 전쟁'을 일으킨다. 이와 같은 자각을 결여한다면, 그러한 전략은 '망국亡國의 안보 정책'이라고 말하지 않을 수 없다.

대담 Ⅰ

갈수록 혼미해지는 중일 관계를
어떻게 봐야 하는가

대담일: 2014년 2월 12일

아마코 사토시天兒慧
와세다대학교 국제학술원 아시아태평양연
구과 교수, 현대중국연구소장

1947년 출생. 1981년 히토쓰바시대학一橋大學 대
학원 박사과정 수료. 전문 분야는 중국정치, 아시
아 국제관계론. 주요 저서로 『중화인민공화국사中
華人民共和国史』(新版, 岩波書店, 2013), 『중일 대
립: 시진핑 시대의 중국 읽기』, 이용빈 옮김(도서
출판 한울, 2014) 외 다수.

중국의 대국화

야나기사와: 중국을 장기간 관찰하고 계신 아마코 선생님에게 오늘날의 아베 정권하의 중일 관계, 혹은 최근 몇 년간 중국의 움직임에 대한 전체적인 평가부터 시작해서 말씀을 들으면 좋겠다고 생각합니다.

아마코: 최근 저의 중국에 대한 의견이 매우 엄정해지고 있다는 의견을 듣고 있습니다만, '내가 변한 것은 아니고 중국이 변했다'라고 말씀드리고 있습니다. 저는 언제나 같은 주장을 변함없이 계속 말하고 있습니다만, 일본이 대단히 강경한 때는 일본에 대한 비판이 되고, 최근 중국이 대단히 강경해지고 있기 때문에 중국에 대한 비판처럼 보이는 것이라고 생각합니다. 여전히 중국이, 특히 2010년 무렵부터 중일 관계를 크게 전환시키려 한다고 생각합니다.

한 가지는 2010년 중국이 GDP에서 일본을 초월해 세계 제2위가 되었던 것입니다. 일본은 그 사이 경제적으로 미주迷走를 계속하고, 혹은 국가로서도 미주하고 있습니다. 지금까지 중국은 특히 2008년까지 일본으로부터 ODA를 받고 경제발전에서 일본의 중요성을 인식해왔습니다만, 그것이 2010년 무렵부터 급격하게 무너져 버렸습니다. 그 대신 중국은 자신을 '대국'으로 위치시키려는 지향이 강해지고, 미국을 대단히 의식한 외교자세 혹은 국가자세를 취하고 있습니다.

일본인은 위든지 아래든지 별로 상관하지 않는다는 발상이 적지 않습니다만, 중국인은 상하 관계를 매우 의식합니다. 일본은 이제까지 과거 전쟁의 일도 있기 때문에 중국의 경제발전을 적극적으로 지원했는데, 그것이 일본의 경제발전에도 연결되고 세계의 평화와 안정에도 기여한다고 생각했습니다. 그렇지만 중국에서는 '위의 일본'이 '아래의 중국'을 원조한다고 비추어지고 있었다는 느낌이 듭니다.

일반적으로 '힘'의 역전이라는 상황이 발생하는 가운데, '힘'이란 무엇인가 하는 논의를 한다면, 다양한 의견을 전개할 수 있지만, 중국은 일본에 대해서 '자신들이 위에 있다'라는 것을 보여주려는 의식이 지도층에서 강하게 나오고 있는 것으로 보입니다.

중국은 2002년, '중화민족의 위대한 부흥'이라는 대국화를 지향하는 슬로건을 정식으로 제기했습니다. 또한 시진핑이 말한 '중국의 꿈中國夢의 실현', 즉 차이나 드림China dream이라는 사고방식이 한 흐름입니다. 그러한 가운데 중일 관계가 놓인 것입니다.

2010년에는 어선의 충돌사건이 있었습니다. 일련의 경위로 보아 여전히 (중국의) 도발이었다고 말하지 않을 수 없다고 생각합니다. 그리고 도발과 동시에, 심각한 권력 투쟁이 정권 내부에 있었습니다. 또한 국내적으로 일반 민중이 사회적인 불만을 표출하는 것과 같은 불안정화를 통제하려는 측면이 있었습니다. 이러한 요소 가운데 중일 관계는 대단히 '이용되고 있다'라는 것입니다.

그리고 일본은 그것에 매우 감정적으로 반발하고 있습니다. 당시 민주당 출신의 국토교통대신 마에하라前原誠司가 "국내법으로 엄정하게 처리한다"라고 국내법을 정면에 내세웠습니다. 또한 2년 후인 2012년 이번에는 노다野田佳彦 정권에서는 '센카쿠를 국유화한다'라는 말이 나왔습니다. 일본 정부는 '국유화'라는 말은 사용하지 않았다는 주장도 있습니다만, 어쨌든 정부 매입은 중국에서는 그렇게 받아들였습니다. 일본은 센카쿠를 일본 고유의 영토라고 계속 말해왔습니다만, 이제까지 중국과의 관계에서 그 점은 별로 정면에 내세우지 않고 애매하게 해왔을 뿐이었습니다.

예를 들면 1992년 중국 측이 영해법을 설정해서 그 가운데 센카쿠를 포함했을 때도 일본은 공식적으로 항의하지 않았습니다. 센카쿠를 둘러싸고 애매한 부분을 항상 유지한다는 형태로 처리했습니다. 그것이 공연公然해지자, 센카쿠에 관해서 고유의 영토론을 전개하게 되었던 것입니다.

그것을 받아서 중국 측은 일거에 전면적으로 맹렬한 반발을 전개합니다. 이것은 '중일 관계' 전문가의 입장에서 본다면, '무슨 이유로 그렇게까지 전면적으로 전개하는 것인가?', '이것은 실제로 중일 관계를 붕괴하고자 하는 것인가?' 등으로 생각될 정도의 충격이 센카쿠를 둘러싼 두 번의 충돌(어선 충돌과 국유화)에서 있었다고 생각합니다.

여기에서 제가 생각했던 것은 중국이 무엇을 노리고 있는 것인가 하는 것입니다. 일본은 단순히 반발했을 뿐이며, 장기적인 전략은 갖고 있지 않습니다. 한편 중국은 그것을 해양발전전략 혹은 중국의 대국화라는 흐름 가운데 위치시키고, 멋지게 사용하고 있습니다. 그러한 의미에서 중일 관계는 지금까지 없었던 대단히 중대한 국면, 심각한 국면에 놓였다고 말할 수 있습니다.

따라서 정치가끼리, 예를 들어 수면 아래에서 협상해서 무언가를 조정한다고 수습될 것은 아니며, 어느 정도 정면으로 문제의 본질을 파고들지 않을 수 없습니다. 중국은 일본이라는 국가만을 보고 중일 관계를 전개하고 있는 것은 아니며, 좀 더 커다란 틀의 전략을 그리고 있습니다. 그 전략 가운데 첫 번째 핵심어는 '21세기의 창조적인 대국 관계의 형성'이라는 미국을 의식한 문제입니다. 그로부터 또 한가지는, 저는 흔히 '중화권中華圈', '대중화권大中華圈' 등의 말로 사용합니다만, 그 '중화권의 형성'이라는 전략이 있습니다. 이 두 가지 커다란 전략 사이에서 "자, 일본은 어떻게할 것인가?"라는 질문을 받고 있는 것은 아닌가 생각합니다.

야나기사와: 저도 무언가 불행하고 우발적인 사건으로 중일 관계가 나빠지고 있다기보다, 구조적인 변화에서 해결의 실마리를 찾지 못하는 문제가 되고 있다고 생각합니다. 대중화권의 범위는 아시아 전반 혹은 제2도련島鏈, 즉 서태평양 지역까지 이르는 것과 같은 판도를 지닌 구상이라고생각합니다만, 그렇다면 중국에게 센카쿠란 무엇인지, 어떻게 이해하면 좋겠습니까?

아마코: 센카쿠를 둘러싼 문제는 대중화권의 형성에서 중심적인 문제는 아니라고 생각합니다. 다만 중일 관계를 어떻게 움직여나갈 것인가라는 점에서 중요한 이슈가 되는 것은 확실합니다. 민족주의라는 문제에 불을 붙이는 더할

나위 없는 주제이기 때문입니다. 지금까지 센카쿠를 당연한 일인 것처럼 자국의 영토라고 계속 말해왔던 일본에 대해서 중국이 "그렇지 않다"라고 강경하게 말하고 있는 것은, 변하고 있는 대일 자세에 대한 한 상징이라고 생각합니다. 그리고 이 배경에는 중국의 민족주의가 있으며, 그것으로 이른바 국가로서의 일체감을 만들어내고 있습니다. 이것은 당내黨內의 리더십을 둘러싼 문제, 그리고 민중과 권력 간의 관계에도 연결된다고 생각하고 있습니다.

애국주의 교육이라는 말을 들은 지 오래되었습니다만, 최근의 트위터를 보고 조금 놀란 적이 있습니다. 애국주의 교육이 반일 교육이 되고 있었던 것입니다. 1990년대에는 "애국주의 교육이 반드시 반일反日은 아니다"라고, 중국 측이 강력하게 말했습니다. 그렇지만 지금은 "애국주의 교육은 곧 반일 교육"인 것으로 보입니다. (SNS상으로) 중국 학교에서 철저하게 "일본은 적이다"라고 아이들에게 가르치고 있다고 합니다.

중국이 '새로운 제국帝國' — 제국주의라고 반드시 말해야 할 것은 아니라고 생각합니다만 — 으로 대두하고자 하고, 제국의 범위를 설정해갈 때 당연히 그 대칭적 위치에 미국이 있습니다만, 일본의 위치는 정해져 있지 않습니다. 1990년대

말부터 왕성했던 동아시아 공동체 관련 논의에서 중국이 계속 말했던 틀은 아세안＋3(한중일)입니다. 일본은 아세안＋6(한중일, 인도, 오스트레일리아, 뉴질랜드), 혹은 아시아·태평양 공동체라는 형태로 제창해왔습니다.

야나기사와: 미국은 들어가고자 하는 것이 틀림없습니다.

아마코: 그렇습니다. 그러한 불화가 있습니다. 지금의 중국은 명백히 아세안＋2입니다. 즉, 한국과 중국으로 하고자 합니다. 일본은 어떻게 할 것인가, 일본의 태도를 살펴보고자 하는 것이라고 생각합니다. 중국은 독자적으로 아세안＋2에, 나아가서 화교Overseas Chinese가 있는 지역을 편입시키려는 전략으로, 새로운 제국의 구상이 있습니다. 군사력을 급격하게 증강시키고, 경제발전을 계속한다는 것만은 아니고, 문화 방면에서도 중화의 문화를 의식적으로 외부로 확대해간다는 구상이 보이고 있다고 생각합니다.

야나기사와: 그렇다면 외교적인 주도권 싸움도 당연히 출현하게 됩니다. 아세안 국가들도 선택의 여지가 있으며, 그렇기 때문에 중국이 생각하는 대로 될 수 없는 측면도 있습

니다. 그 가운데에서 일본, 미국, 중국이 각각 영향력을 높이고자 서로 싸우고 있는 것입니다.

아마코: 그렇습니다.

'두 가지 100년'

야나기사와: 미국은 '출항의 자유'와 '해양에서의 법의 지배' 등을 주장하고, 중국은 '그것은 서구열강이 과거에 제멋대로 만든 규칙이다', '그러한 것에 우리가 속박되는 일은 없다'라고 말하고 있습니다. 이러한 문제는 자연스럽게 어딘가에서 타협점이 나오게 되겠습니까? 아니면 민족주의, 자부심과 같은 것이 관련되어 갈수록 용이하게 타협할 수 없는 문제인 것입니까?

아마코: 그것은 두 측면이 대단히 강하게 있다고 생각합니다. 특히 후자의 부분에 대해 말하자면, 2013년부터 시진핑이 대단히 강조하고 있습니다만, "우리는 결국 두 가지의 100년을 맞이하고 있다. 이 두 가지의 100년에서 중화민족

부흥의 위업을 달성하도록 하자"라고 호소하고 있습니다. 두 가지의 100년이라는 것은 중국공산당 창당 100주년인 2021년과 중화인민공화국 건국 100주년인 2049년입니다. 시진핑이 첫 번째 100년의 정권이라고 생각한다면, 2021년은 최후의 1년입니다. 그는 그 위대함을 가시적인 형태의 성과로 남기고 은퇴하고 싶다는, 개인이나 지도자로서 대단히 강력한 의지가 있다고 생각합니다.

중국은 경제나 군사력도 성장이 대단합니다만, 국내적으로 커다란 모순을 안고 있습니다. 다양한 국가가 공업화, 도시화, 근대화라는 프로세스에서 안고 있었던 모순을 중국도 마찬가지로 안고 있는 것임에 틀림없습니다. 그렇지만 그것을 해결하기 위한 노력을 태만히 하면서 성장노선을 달리고 있기 때문에, 갈수록 커다란 모순을 안게 되는 상황이 발생하고 있습니다. 최근에는 경제성장도 향후 전망이 밝지 않다는 논의가 넓게 이루어지고 있습니다만, 그렇다고 하더라도 오늘날의 시진핑은 "문제를 억누른다고 해도 전진하는 것이다"라는 결의를 갖고 있는 것은 아닌지 개인적으로 생각하고 있습니다.

중국의 국내 문제를 해결하는 데 일본의 경험과 기술은 대단히 중요하기 때문에, 일본 측, 특히 경제인 가운데 그것을 하나의 돌파구로 삼아 중일 관계를 개선하고자 하는 의사意思가 있습니다. 그렇지만 중국 측이 별로 경청할 준비가 되어 있지 않다면, 대단히 대처하기 나쁜 상태가 앞으로 한동안 계속될 것이라고 느끼고 있습니다.

야나기사와: 2021년 문제라는 것은 별로 의식하지 못했습니다. 리더로서 무엇인가 역사에 남을 커다란 성과를 남기고 싶다는 욕구를 갖고 있다는 것은 알겠습니다만, 그것은 구체적으로 무엇입니까?

아마코: 구체적으로는 미국을 따라잡는 것입니다.

야나기사와: 미국과 대등하게 되는 것이로군요.

아마코: 그렇습니다. 2020년 GDP에서 미국을 따라잡거나 초월하는 것입니다. 현재의 7% 이상의 성장을 2020년까지 지속한다면, 수치상으로는 실현할 수 있을 것이 확실합니다. 다음은 군사력입니다. 중국은 두 번째 항공모함을 보유하려고 합니다. 게다가 중국산으로 말입니다. 그다음은 우주개발입니다. 달 표면에 착륙까지 하려는 것은 실로 미

국을 의식한 행동입니다.

저는 중국이 2020년까지 이러한 부국강병 노선을 크게 변화시키지 않으리라 생각하고 있습니다. 내부의 혼란이 상당히 일어난다면 말은 달라지겠지만, 그때는 시진핑 정권이 실각까지 할 수 있는 상황이 되지 않을까 하는 고려를 해야 합니다.

야나기사와: 2013년 말에 성립된 일본의 국가안전보장전략에서 미국은 여전히 세계에서 가장 커다란 영향력을 지닌 강한 국가이며, 아시아 관여를 계속하는 것을 전제로 하고 있습니다만, 문서 그 자체의 유효기간이 무엇보다 '10년간을 기준으로 한다'라고 되어 있습니다. 저는 아무리 생각해도 10년은 너무 짧다고 생각합니다. 미국의 논자 가운데 결국 30년, 40년에 걸쳐 미국의 우위가 흔들리게 된다는 견해를 갖고 있는 사람이 있습니다. 우리는 몇 년 앞을 살펴보고, 언제쯤의 일을 우려해야 할 것인가를 염두에 두어야 합니다.

아마코: 그렇습니다. 다만 예측에 대해서 고려할 때는 중요한 요인factor을 간과해서는 안 됩니다. 직감으로 '이렇다'

라는 말이 아니라, 장기적으로 국가를 움직이는 중요한 요인은 무엇인가를 객관적으로 살펴보지 않으면 안 된다고 생각합니다. 예를 들어 경제로 말하자면 중국은 지금 엄청난 규모의 불량채권을 안게 되었습니다. 그것을 대단히 비관적으로 중시하는 사람과 낙관적으로 생각하는 사람 사이의 차이는 아직 있습니다만, 지방재정 가운데 방대한 불량채권이 발생하고 있는 것은 사실입니다. 어떤 사람은 '리먼 쇼크' 당시의 미국을 초월하는 불량채권이 이미 존재하고 있는 것으로 일컬어지고 있습니다.

환경 또한 악화되고 있습니다. 칭화대학清華大學의 연구에 따르면, 대기오염에 관련된 기관지염 등으로 사망한 사람이 2010년에 123만 명이라는 예상하지 못했던 숫자가 나오고 있습니다. 경제성장을 할수록 물 부족이라든지 오염의 악화라는 문제가 나오게 됩니다. 이것을 중국 정부가 어떻게 개선할 것인가라는 문제가 있습니다. 또 한 가지 대단히 중요한 것은 노령화가 급격하게 시작되고 있다는 것입니다. 일본은 어느 정도 생활의 안정, 보장 혹은 사회자본의 인프라가 정비된 위에서 노령화 사회를 맞이하고 있습니다만, 중국은 미처 준비되지 못한 단계에서 맞이하지 않으면 안 되는 것입니다.

이러한 것이 2020년 무렵 중요한 문제로 국가정책에 영향을 미치기 시작할 것입니다. 그것에 대해서 국민은 지금과 같이 굳게 억눌린 상태로 인내할 것인가, 혹은 정부가 정보통제로 그러한 사실이 확산되지 않도록 억지할 것인가? 앞으로 10년 정도는 주목할 필요가 있습니다.

저는 이와 같은 요인에서 국가정책 혹은 정치체제 그 자체의 '틀의 전환'을 필요로 하는 상황이 출현하게 될 것으로 보고 있습니다. 그전까지 중일 관계는 대단히 긴장된 상태에서 정치적으로 서로 타협하지 않았다면, 그 이후에 중국이 양보할 가능성도 있다고 생각합니다.

센가쿠 문제와 역사인식

야나기사와: 지금 중일 간의 커다란 정치문제는 센카쿠입니다. 최근 "중국은 센카쿠를 취하고자 오겠지요?"라는 질문을 곧잘 받고 있습니다. 저는 '상대가 먼저 손을 내밀었다'라는 대의명분이 서면, 다소多少의 일은 하러 올지도 모릅니다"라고 답하고 있습니다만, "중국과 일본의 전면적인 전쟁에 미국이 휘말려 드는 전쟁이 되지는 않을 것입니다"

라고 답하기도 합니다.

아마코: 저 역시 같은 생각입니다. 중국의 행동양식 중한 가지는, 말은 격하게 하지만 실제 행동은 '마지막 단계에서는 신중하게'라는 것이 있습니다. 즉각 침을 뱉을 것같은 기세로 소란을 일으키는 것이 중국의 행동방식이기때문입니다.

1996년 '타이완 해협' 위기 때도 (중국은) 타이완 해협의타이베이臺北와 가오슝高雄 목전까지 도달하는 미사일을 차례로 발사하는 연습을 했습니다. 그렇지만 절대로 전쟁은하지 않는다는 전제가 있는 것입니다. 중국인의 그러한 요란한 일처리 방식을 잘 알고 있기 때문에, 타이완 사람들도크게 놀라지 않았습니다. 위협으로는 느꼈습니다만, 절대로 전쟁으로 확산될 것이라고 생각하지 않았던 것입니다.그렇지만 일본인은 그 정도로 침을 뱉으면서 큰 목소리로소란이 일어나면 그 자체로 전쟁 직전이라고 생각하기 때문에 반격을 합니다. 이것이 미묘하게 다른 점입니다.

중국은 센카쿠를 취하는 것의 이점이 무엇인가를 계산하고 있습니다. 오히려 일본의 행동을 끌어내기 위해 도발하고, 일본이 그것에 신속하게 반격해서 '승리했다'라고 말하게 된다면 갈수록 이것에 반대하려는 생각이 나타나게 될 것이며, '일본의 군국주의자는 결국 행동했다. 싸우자'라고 말할 것입니다. 그것이 두려울 뿐입니다. 따라서 절대로 전쟁이 일어나지 않는다고 말할 수는 없어도, 중국 측에서 도발은 하겠지만 전쟁을 걸어오지는 않을 것이라고 생각합니다.

야나기사와: 2013년 방위대강에는 "중국의 도발에 대해서는 냉정하면서 의연하게 대응한다"라고 적혀 있습니다. 저는 '이거 뭐지?'라고 생각했습니다. "냉정하면서 의연하게"라는 것은 도대체 어떻게 행동해야 하는 것입니까? 자위함自衛艦의 함장은 알 수가 없습니다. 또한 빈틈없이 자위대가 출동하기 위한 영역경비의 법제法制를 만든다고도 되어 있습니다.

현장이 어렵지 않도록 빈틈없이 대응한다는 것은 중국의 도발에 대해서 일본은 '군'이 출동한다는 것이 될지도 모르겠습니다. 저는 빈틈없이 하는 것으로는 안 된다고 생각합니다. 정치가 확실히 판단해서 '이러한 상황에서는 참아라'하고 말하지 않으면 안 됩니다. 오히려 그것이 정치의 역할입니다. 자위대 사령관이 부하에게 "자네들은 실력實力을 갖춘 조직이지만 여기에서는 참아라" 하고 말할 수 없기 때문에, 정치가가 말하지 않으면 안 됩니다. 실제로 그러한 사고방식이 정리가 되지 않고 있습니다. 이 상태로 가게 되면, 중국의 강력한 도발이 있을 경우 예상 밖의 일이 발생하는 것은 아닌가 생각합니다. 최초 1회 전투에서 승리하는 것과 전쟁에서 승리하는 것은 전혀 별개의 문제이기 때문에 우려됩니다.

또한 센카쿠에 더해 역사인식의 문제도 있습니다. 실은 수년 전까지 역사인식의 문제는 야스쿠니 참배만 잘 통제하면 그렇게 큰 이슈가 되지는 않았을 것이라는 일반적인 인식이 있었다고 생각합니다. 지금은 야스쿠니 참배로 중국과 한국이 동맹을 맺는 형태로 반일 캠페인을 벌이고 있습니다. 중국이 계속해서 아직 이 노선을 유지할 것이라고 생각합니까?

아마코: 미국을 의식하면서 중국이 추진하고 있는 영향권의 확대에서, 방금 전에 논한 바와 같이 일본이 서 있는 위치가 결정되어 있지 않습니다. 거꾸로 말하면 일본을 '도구'로서 사용하는 것입니다. 일본을 계속해서 악역으로 삼고, 다른 국가와의 연대, 특히 한국과의 연대는 진전되어갈

뿐입니다. 또한 중국의 대단히 현실주의적인 발상으로부터 고려하면, 역사문제만 연대할 리는 없다고 생각합니다. 아마도 중일 간 경제의 활력이 떨어지게 될 때 (중국은) 한국의 경제를 편입시키고자 할 것입니다.

한중 간의 무역량은 지금 대단히 증가하고 있습니다. 최근의 신문을 살펴보면, 타이완을 편입시키는 문제도 상당히 진전되고 있는 것으로 보입니다. 타이완은 심정적으로는 일본을 좋아하고 대륙을 경계하고 있더라도, 경제 방면에서 이제까지 중국과의 관계에서 이점을 누리기를 바라는 상태가 되고 있습니다.

다만 중국의 대국의식大國意識 가운데 청일전쟁, 루거우차오蘆溝橋 사변, 중일전쟁에 패했다는 굴욕감에 대해서, 이제 힘을 회복했기 때문에 지금까지의 원한을 복수해야 한다는 생각이, 특히 군인 계통의 사람들 가운데 어느 정도 있다고 생각합니다. 그것이 얼마나 위험한지도 알고 있습니다만, 그러한 측면은 부정할 수 없다고 생각합니다. 결국 중국은 여전히 미국과의 협조관계를 노리고 있고, 그 관계 위에서 '전후 질서의 안정을 파괴하려는 아베 내각'이라는 논리를 사용하고 있습니다. 그 의미에서 지금 저의 설명으로 중국의 노림수가 대체적으로 보인다고 생각합니다.

일본의 외교

야나기사와: 중국과 일본의 균형이 무너진 것에 대해서 일본의 외교가 어떻게 대응할 것인가는 정해지지 않았습니다. 아베 내각만이 아니라, 실은 민주당 정권에서도 그러했다고 생각합니다. 일본은 자국의 관점에서 '공적개발원조를 통해 어려움을 전폭적으로 도와주지 않았는가'라는 감상적인 생각이 있습니다. 그런데 중국의 견지에서 보자면, '넓은 아량으로 전시배상과 전쟁배상을 전면적으로 포기하지 않았는가'라는 인식의 차이가 있습니다. 그 가운데 오늘날 일본에서는 '중국에 져도 참을 수 있는가?'라는 발상에 기초한 정치가 인기를 모으고 있습니다. 일본의 정치는 현명한 계산을 하고 있는 것으로는 보이지 않습니다.

아마코: 유감스럽지만 그렇습니다.

야나기사와: 그것이 충돌하는 형태로 나아가게 되면 결국 그 누구도 관리할 수 없는 상황이 되는데, 이는 '대단히 서툰 것이다'라는 느낌이 듭니다. 상대가 변하지 않는다면, 이쪽이 어딘가에서 그것을 간파하고 지금보다 현명하게 대

처하지 않으면 안 됩니다만, 도무지 그렇게 될 것이라는 전망이 없습니다. 또한 야스쿠니에 참배한다면, 어떤 반응이 나올지는 명백한 것이었습니다.

아마코: 좋은 먹잇감을 상대에게 제공했기 때문에 갈수록 일본이 고립될 뿐입니다.

야나기사와: 또한 의존하고 있었던 미국마저 화나게 만들 뿐이기 때문입니다.

아마코: 일본의 외교는 하수下手입니다. 메이지 유신明治維新 이래 일본의 외교를 보아도 일본이 실제로 훌륭하게 외교로 성과를 올렸던 사례는 별로 없습니다. 강해져서 영향력이 증가된 때는 전쟁을 해버렸을 뿐입니다. 그전에도 별로 외교력이 있었다고는 말할 수 없습니다.

요컨대 가장 강한 편에 붙는 것이 일본의 외교였습니다. 제1차 세계대전이 끝날 때까지는 영국이었는데, 제2차 세계대전 이후 미국으로 이동했습니다. 이를 통해 안정을 꾀했습니다. 이렇게 일정한 제약을 받으면서 눈앞에 벌어진 일만을 수습했던 것은 일본 외교사에서 자주 있었습니다. 요시다 내각이 가장 용맹스러웠는데, 역설적이게도 미국의 우산 가운데 있어서 외교를 하지 못했기 때문에 잘했던 것입니다.

야나기사와: 특히 권력에 관한 외교는 하지 못했던 것입니다.

아마코: 하지 못했습니다. 그래서 제가 지금 생각하는 것은 가능한 한 외교를 하지 않는 것입니다(웃음). 대단히 자학적인 표현을 한다면 그렇습니다.

야나기사와: 저도 실제로 그렇게 생각합니다. 예를 들면 저는 일본판 NSC에 반드시 찬성하지는 않습니다만, 그러한 것이 없었어도 역대 내각은 외교·안보를 상당히 잘 구사해왔던 것처럼 보입니다. 자신이 직접 추진하며 의제설정agenda setting을 하지 않고 '미국은 이러한 것을 말하고 있다. 이것을 어떻게 처리하면 좋은가?'라며 반응하는reactive 입장에서 항상 생각하고 있기 때문에 잘 관리해왔다고 생각합니다.

아마코: 중국을 살펴보면, 그 나라는 실제로 태연하게 100년 앞의 것을 고려합니다. 100년 앞입니다.

야나기사와: (그러한 예측이) 맞는지 아닌지는 별도로 하고 말이지요.

아마코: 예를 들면 '홍콩 반환'과 관련해서 100년 앞을 고려해서 '어쨌든 100년 후에 되돌려 받는다면 좋은 것이다'라는 말이었던 것입니다. 실제로 그것을 해버렸습니다. 타이완 문제도 발상은 마찬가지입니다. 얼마 전에 제기된 두 가지의 100년이라는 논의도, 일본인의 관점에서 본다면 '무엇 때문에 그런 바보 같은 짓을 하는가', '왜 그런 꿈같은 이야기를 말하는가'라고 생각할지 모르겠습니다만, 그들은 그러한 목표 속에서 전략을 세우고 있습니다.

따라서 상당히 큰 장기적인 목표를 설정해서 그 가운데 무언가를 생각하고 있는가, 상대를 어떻게 읽어가야 하는가와 같은 논의를 하지 않으면 외교전략은 불가능합니다. 외교를 하지 않는다는 것이 비굴하게 된다는 것은 아닙니다. '일본인으로서의 긍지'라든지 우익 인사들이 매우 좋아하는 '의연한 스타일'은 실제로 그것을 대단히 소중하게 여기면서 이를 지키기 위해 일본 경제와 기술을 무기로 삼아왔습니다. 이제라도 외교의 중요한 한 가지 무기로서 그러한 것을 고려하는 것이 중요하다고 생각합니다.

다만 오늘날 중국은 실제로 과도하게 군사력을 증강함에 따라 위협론이 제기되고 있기 때문에, 일본의 정권도 군사력 및 방위력을 강화하고 미국과의 동맹도 강화하려고 합니다. 그렇지만 중국이 군사력을 더욱 강화한다면 어떻게 되겠습니까? 그럼에도 여전히 미국은 강할 것이기 때문에 지고 있다는 의식 없이 중국과 미국은 타협하게 될 것입니다. 아마도 미국 측에는 타협의 논리가 나오게 될 것이라고 생각합니다. 중국은 이를 기다리고 있습니다. 그랬을 때 일본은 군사적인 의미에서 거의 의미가 없어지게 됩니다.

야나기사와: 상대의 힘이 지속적으로 커지고 있습니다. 상대의 힘이 세진다면, 이쪽은 지혜를 활용할 필요가 있습니다. 때로는 '허탕을 치게 하는 것'도 훌륭한 전략입니다. 이는 단순하게 골탕을 먹이는 것만이 아니기 때문에 더욱 그러한 지혜가 필요하지 않을까 생각합니다. 억지는 확실히 필요합니다만 이는 상대보다 강할 때 사용하는 것이며, 억지되지 않을 경우 상대는 더욱 강해질 뿐입니다. 그렇게

되면 반복되는 딜레마에 빠져들게 됩니다. 외교·안보 전략은 억지뿐만이 아니라, 예를 들면 아마코 선생님도 집필하셨던 『동북아시아의 '영구평화'北東アジアの「永い平和」』라는 책에서 제시되고 있는, "전쟁을 한다면 손해입니다"라는 것과 같은 '설득'도 훌륭한 안전보장의 전략이라고 생각합니다. 지금과 같은 상황에서 꺼려지는 말일지 모르겠습니다만, '타협' 또한 훌륭한 전략이라고 생각합니다.

아마코: 그렇습니다.

야나기사와: 현재 북방영토에서는 이 전략을 사용하고자 합니다. 이러한 것을 잘 조합시켜야 한다고 생각합니다만, 적절한 해법이 보이지 않는다는 우려와 부담이 있습니다.

아마코: 마찬가지의 걱정을 저도 하고 있습니다. 저는 센카쿠를 둘러싸고 이전에는 공동주권론이라는 말을 사용했으며, 『중국과 일본의 대립』*이라는 책에서는 도서島嶼를

---

* 아마코 사토시, 『중국과 일본의 대립: 시진핑 시대의 중국 읽기』, 이용빈 옮김(파주: 도서출판 한울, 2014). _옮긴이 주

각 국가의 표시로 표현했습니다. 이것은 하나의 타협안입니다. "센카쿠는 중국 고유의 영토이다"라는 주장은 대단히 설득력이 없는 논의라는 점에 입각해 있지만, 중일 관계의 대립을 피하기 위해서 어떠한 지혜가 나올 수 있을까를 고려했습니다.

센카쿠에 관해서 말하자면, 우선 "중국이 '댜오위 제도釣魚諸島'라고 부르고 있는 것을 인정합시다", "일본이 '센카쿠'라고 부르고 있는 것을 중국은 인정합시다"라는 것을 출발점으로 관리의 존재방식, 공동개발도 구체적으로 생각한다면 좋습니다. 상호 간에 서로를 인정하게 될 경우, 서로 상처를 주고받을 필요가 없어지는 것입니다. 이로 인해 저는 일본의 일부 사람들에게 '비국민非國民'이라고 불리고 있지만, 이것은 하나의 지혜라고 생각합니다.

러시아와의 관계에서 타협을 하고자 하기 때문에, 저는 이것을 인내심을 견지하며 바라보고 있습니다. 아베가 어디까지 타협할 것인가? 타협하지 않는 한 절대로 해결되지 않기 때문에 타협하지 않을 수 없습니다. 타협한다면 센카쿠 문제에서 다음 방책이 나오게 됩니다. 그렇게 되면 독도獨島/다케시마竹島 문제 역시 그런 식으로 처리될 수 있습니다. 저는 북방문제에 대해 푸틴V. Putin과의 정상회담(2014년 가을 예정)*에 대단히 주목하고 있습니다.

야나기사와: 그러한 방책을 실제로 사용하는 정권인가 아닌가를 저도 대단히 주목하고 있습니다. 타협은 수단으로서 당연히 갖고 있으면 좋다고 생각합니다. 그것으로 실질적으로 잃는 것이 없다면 말이죠.

아마코: (잃게 될 것은) 없습니다.

야나기사와: 명목상 무언가를 잃지 않는다면 타협이 되지 않을지도 모르지만, 과거 사례에서 그러한 지혜가 더욱 있지 않았나 하는 생각을 해봅니다. 그렇지만 중국도 주장만을 하게 되면, 적을 늘리게 된다는 모순이 생깁니다.

아마코: 중국은 지금 외교를 대단히 교묘하게 하고 있다고 생각합니다. 일본에 대해서는 강경합니다만, 그 외의 국

---

* 푸틴 러시아 대통령과 아베 일본 총리의 정상회담은 2014년 11월 중국 베이징에서 개최된 아시아태평양경제협력회의(APEC) 개최 가운데 성사되었다. _ 옮긴이 주

가에 대해서는 그렇게 강경하지 않습니다. 필리핀에 대해서는 조금 강경합니다만, 아세안에 대해서 시진핑이 전개하고 있는 외교는 완전히 편입시키는 것을 위주로 하는 외교입니다. 유럽과의 관계를 보아도, 영국은 중국에 대단히 접근하고 있으며, 유럽연합EU 전체가 그렇습니다. 미국, 러시아, 인도, 아프리카, 아세안을 시야에 넣고 국제적으로 살펴보면, 중국은 마치 '중국위협론'을 불식시키려는 듯이 강경노선을 취하고 있지는 않습니다. 그런데 이것을 잘못 인식해서 일본이 '세계에서 중국위협론이 높아지고 있기 때문에 중국은 고립된다'와 같은 말을 하는데, 일본만 고립되어버린다는 얘기가 될 수 있습니다.

야나기사와: 인권 문제 등은 아직 중국에 대한 비판이 있지요.

아마코: 물론 그렇습니다.

향후 어떻게 해야 하는가

야나기사와: 가장 어려운 질문입니다만, 향후 중일 쌍방은 어떻게 하면 좋을 것이라고 생각하십니까?

아마코: '당분간 어떻게 할 것인가'라는 것과 '조금 긴 예측 가운데 어떻게 할 것인가' 두 가지를 고려해야 합니다. 당분간에 관해서 말하자면, 저는 도발하지 않고 도발을 받지 않는 것이 중요하다고 생각합니다. 잘하는 것을 지속하면서, 모든 것에 의연하게 대처할 것이 아니라 일정한 외교원칙을 세워 이를 관철해야 합니다. 향후에도 도발은 반드시 있을 것이기 때문에, 그것을 받아들이지 않고 도발의 무력화를 상대에게 보이는 것이 대단히 중요합니다.

그 후 당분간은 어느 정도 정치와 경제를 분리해서 생각해야 합니다. 이것을 말하기는 고통스럽습니다. 저는 앞에서 했던 분석과 중국의 대국화 전략이 틀리지 않게 된다면, 중국의 입장은 그렇게 간단하게 변하지 않을 것으로 보고 있습니다. 아베가 그것에 대항하려고 해도 중국은 변하지 않고 갈수록 강고해질 겁니다. 따라서 도발하지 않고 도발에 편승하지 않는 것입니다. 이를 토대로 해서 어느 정도 경제교류를 중심으로 해나간다는 분리가 필요합니다.

현재 중국에서는 일본에 대한 오해가 엄청나게 팽창하고 있습니다. 일본 측도 중국의 실정實情에 관한 오해가 대단히 커지고 있기 때문에, 상호 이해를 재정립시키고자 하는 토론회나 혹은 미디어를 활용하는 것도 필요하다고 생각합니다. 또 한 가지는 위기관리입니다. 실제로 충돌하지 않는 상황을 만들어야 합니다. 당분간 문제의 본질을 해결하기보다, 우발적인 사건이 일어나지 않는 틀을 만들거나 만들기 위한 대화를 호소하면서 실제로 강하게 그러한 노력을 하는 것이 중요하다고 생각합니다. 양국 간에 직접 하기가 어렵다면, '제3국', 즉 미국을 포함하는 '위기관리의 틀'을 고려해야 합니다.

야나기사와: 방금 전에 하셨던 '외교를 해야 한다'라는 말은 정치적으로 불필요한 일은 하지 않는다는 것이로군요.

아마코: 네, 그렇습니다. 최소한 그렇게 하면서 장기적으로 어떻게 볼 것인가 하는 것입니다.

한 가지는 미중 간의 파워 시프트라는 문제입니다. 일본은 지금까지와 마찬가지로 중국을 보고 있으며, 갈수록 (이러한 인식을) 바꿀 수 없겠지만 파워 시프트는 이미 발생했으며, 중국 측도 그것을 강하게 인식하고 있습니다. 그러한 파워 시프트에 대해서 우리는 어떠한 입장을 견지해야 될까요? 어느 부분에서는 중국의 존재를 인정하지 않으면 안 됩니다. 인정하지 않고 밀고 나가려는 것은 어려운 일이라고 생각합니다. 흔히 '체면의 문제' 등으로 말해지지만, 중국이라는 국가의 특성을 고려했을 때 '인정한다'라는 메시지를 잘 전하는 것도 필요합니다. '중국'을 즉시 경계하고 대항적인 논의만을 내는 것이 아니라, '이러한 방면에서 국제사회에 대단히 공헌하고 있습니다'라는 식의 적극적인 평가를 하려는 접근이 필요하다고 생각합니다.

그렇지만 새롭게 제국화하는 중국은 엄청난 내부 모순을 안고 있으며, 어떤 의미에서 대단히 붕괴하기 쉬운fragile 제국으로 대두하지 않을 수 없습니다. 거기에 일본이 해야 할 일이 있다고 생각합니다. 중국이 더욱 건전한 국가로 국제사회에 진입하기 위해서 일본의 협력과 관여가 장기적으로 제기되고 있다고 생각합니다.

야나기사와: 야스쿠니 문제는 어떻습니까?

아마코: 야스쿠니 참배로 인한 영향 및 손실은 매우 큽니다. 중국이 아베 정권 기간 중에 중일 관계를 적극적으로 개선할 의사는 더 이상 없다고 생각합니다. 그렇기 때문에 부정적으로 파악하고 있을지도 모르겠지만, 중국은 아무것도 하지 않습니다. '무책無策의 책策'이라는 말이 있는 이유이며, 이것은 대단히 교묘한 고도의 책략입니다. 지금은 이 '무책의 책'을 사용하는 단계이며, 이상하게 움직여서 어떤 좋은 결과가 나오는 일은 우선 없을 것으로 생각합니다.

야나기사와: 야스쿠니 참배 이후 아베는 "대화의 문은 항상 열려 있다"라고 말했습니다만, 중국 측에서 본다면 이제 공은 완전히 일본 쪽 코트에 있으며, 일본이 그것에 입각해 어떤 행동을 취하지 않는다면 더 이상 중국 측으로부터는 일절 받아들여질 수 없는 상황으로 보입니다.

아마코: 다분히 그렇습니다. 서로 접촉하지 않고 전혀 아랑곳하지 않은 채로 어떻게든 넘어간다는 시대가 아니게 된 이상, 야스쿠니 참배 문제를 어떻게 하면 해결할 수 있을 것인가, 다시 한 번 일본이 고민하지 않으면 안 됩니다.

아베는 국립전몰자묘지國立戰歿者墓苑를 만드는 것에 반대

했고, 나카소네 또한 맹렬하게 강경한 반대파입니다. 저는 야스쿠니의 분사안分祀案을 다시 화제로 제기해야 할 시기가 아닌가 생각합니다. 지금이 아니면 한동안 뒤로 미뤄지기 때문입니다. 현재 'A급 전범'의 합사合祀를 해결하지 않는다면, 야스쿠니 문제에 대해서 일본 국민을 포함해 더 이상 그 누구라도 납득하지 못합니다. 일본의 일부 우익 인사들 이외에는. 천황이어도 납득하지 않을 것이기 때문입니다.

야나기사와: 그렇습니다. 천황 폐하도 (야스쿠니에) 가시지 않는 상황입니다.

아마코: 그렇기 때문에 아베 등도 진지하게 고려해야 하지 않겠습니까? 과거 자민당 간사장幹事長이었던 고가 마코토古賀誠는 유족회遺族會와 분사안分祀案으로 협상을 하고자 움직였습니다. 야스쿠니는 한차례 합사한 인간의 혼魂은 나눠지지 않는다고 말하고 있습니다만, 합사하기 전 분사된 상태였습니다. 그럼 합사가 가능하다면 분사도 가능하지 않겠는가 하는 것입니다. 이러한 분사 문제와 유슈칸遊就館 문제에도 손을 쓰지 않으면 안 됩니다.

야나기사와: 야스쿠니에 문제의 초점이 있다는 것은 확실히 알겠는데, 그것은 다른 국가가 제기해야 할 문제가 아니라는 주장보다 일본인 스스로가 인식해야 할 문제입니다. 저는 전쟁에 내몰렸던 사람들과 그들을 지도해 전쟁에 나섰던 지도자들의 혼이 같은 곳에 있다는 것이 문제라고 생각합니다. 일본인은 '죽어버리면 모두 부처님, 신神'이라고 생각합니다. 그러한 생각은 미덕일지 모릅니다만, 이 문제는 어디까지나 국제사회와의 관계에서 역사인식으로까지 연결되는 것이기 때문에 확실하게 하지 않으면 안 됩니다.

아베는 "다른 국가의 지도자도 하고 있는 일이다. 상처를 줄 속셈은 없다. (참배를 통해서) 항구적인 평화를 기원했다. 그럼에도 중국 및 한국 사람들은 오해를 하고 있다. 미국도 오해하고 있다"라고 말했습니다. 그 "오해를 하고 있다"라고 말하는 것에는 시사하는 바가 매우 많습니다. 즉, "나는 올바르며, 나를 비판하면 잘못된 것이다"라는 전제입니다. 보통 정치가가 '오해'라고 말할 때는, 이시바 시게루石破茂 간사장이 시위를 테러와 동렬로 평가했을 때도 그랬습니다만, '오해를 주었다면 죄송합니다'라는 표현방식입니다. 그렇지만 아베는 '야스쿠니 참배에 관해서 오해하고 있기 때문에 설명도 하지 않는다, 가치관적으로 논의의 여지가 없다'라는 자세를 보이고 있습니다. 그러한 말이 일본에 어떤 이점merit이 있을까를 생각하게 됩니다. 이것을 포함해 국가상이 혼미混迷하고 있다고 생각하지 않을 수 없습니다.

아마코: 여전히 전후 국가가 어떠한 생각과 노력으로 만들어졌던 것인지가 국가상 논의의 기점이 되리라고 생각합니다. 그것을 제쳐두고 과거 영령英靈이나 전쟁에서 희생된 사람이 오늘날의 일본을 만들었다는 주장은 속이는 것이기 때문입니다.

야나기사와: 그렇습니다. 돌아가신 사람이 있고 살아남아서 고생한 사람이 있기 때문에 오늘날이 있는 것입니다.

일본의 국가상

야나기사와: 중국은 과거의 역사에 대한 분개ressentiment를 용수철로 이용해 대중화권의 부흥과 같은 목표를 명확하게 제기하고 있습니다. 그것에 대해서 일본의 국가상은 어떻습니까? 야스쿠니 참배와 도쿄재판의 부정否定 등을 계속하더라도 오늘날의 국제사회에 통용될 리는 없으며, 일

본인들의 컨센서스는 불가능합니다. 그러한 의미에서 중국의 대두를 하나의 계기로 해서 일본도 자신의 정체성을 재인식하지 않으면 안 됩니다. 아마도 그것이 이 문제에 대한 일본 측의 본질이라고 생각합니다.

아마코: 말씀하신 대로라고 생각합니다. 그 전쟁에 관심을 갖고 이해하고 있는 사람 가운데 다수는 '해야 할 전쟁은 아니었다'라는 인식이 공유될 수 있다고 생각합니다. 그러한 인식의 공유 위에서 '일본에게 전후란 무엇이었는가'라는 것을 고려해보면, 전쟁을 반성하고 평화와 발전을 토대로 경제적으로 대단히 노력해서 성장하고 안정된 평화를 실현했다는 것이 됩니다. 이것은 부정할 수 없으며, 그것을 다시 확실히 확인한다면, 헌법의 중요성을 인식하는 것이 가능해집니다.

집단적 자위권도 확실히 지금의 국회에서 아베가 하는 말만 들으면 필요하다고 생각할지 모르겠습니다만, 집단적 자위권 그 자체가 갖고 있는 요소에는 '일본은 전쟁을 하지 않는다'라는 원점에서 빗나가는 측면이 객관적으로 있습니다.

'우리는 전쟁을 하지 않는다', '세계평화를 만들어간다'라는 기반을 두고 국제공헌을 한다는 것은 대단히 중요한 의미를 지니고 있습니다. 그러한 발상을 다시 취하지 않으면 안 됩니다. 그것이 미래 일본의 국가상이기도 하며, 세계에서 설 위치를 재검토하는 것이라고 생각합니다.

야나기사와: 저도 거기에 완전히 동감입니다. 저는 일본 자위대의 해외파견을 담당했던 경험을 토대로 매우 동감하는 바가 있습니다. 자위대는 이라크에서도 현지인에게 총탄 1발도 사격하지 않았고, 한 사람도 죽이지 않았습니다. 자위대는 그러한 존재라는 것이 하나의 국제적 브랜드로 확립되고 있다고 생각합니다.

기업이 진출해서 현지 노동자를 교육시키고 경영 노하우까지 제공하는 것은 중국의 행동방식과 다릅니다. 단순한 부의 수탈이 아니라, 일본의 브랜드와 같은 것이 있습니다. 거기에 비해 아베는 완전히 역방향으로, 대단히 조잡한 형태로 중대한 문제제기를 하고 있다고 볼 수도 있습니다. 또한 자국의 브랜드를 재검토하면서 정체성을 확립할 수 있습니다. 그럴 수 있다면 중국의 도발에 '이런, 곤란하군'이라는 식의 경솔한 반응을 하지 않을 수 있다고 생각합니다.

저는 '중국에 지지 않겠다'라는 기분을 모르는 것은 아니며, 다소 그런 기질을 가지고 있는지도 모릅니다. 그렇지만 현실의 중국은 경제규모나 군사력에서 이미 일본을 상회하고 있습니다. 일본은 대국으로서 중국과 대등하게 파워게임power game으로 싸우든지, 아니면 대항할 수 있는 지혜, 전략, 실력을 갖출 것인지 등의 선택을 고려해야 한다고 생각합니다.

아마코: 일본이 지향하는 대국이 하드hard한 의미가 아니라는 인식은 일본 국민 가운데 상당수가 공유하고 있다고 생각합니다. 국가로서 사회로서 거기에 참가하는 사람들의 평화롭고 안정된 생활, 다양한 의미에서의 풍요로움을 내포하는 '성숙된 사회'라는 것이 점진적으로 보이기 시작하고 있습니다. 중국 사람의 입장에서 본다면, 그러한 것을 실현할 수 있다는 것은 대단히 매력적인 국가입니다. 예를 들면, 상하이나 베이징에서 일본으로 옵니다. 하네다羽田 공항에 내려 하늘을 보고 모두 놀랍니다. '대도시가 어떻게 이와 같이 아름다울 수 있을까'라고 말입니다. 그 정도로 현재 중국이 처해 있는 현실은 엄정합니다.

저는 중국과 GDP 및 군사력에서 서로 비견되지 못하더라도 일본의 매력을 확대시키는 것은 가능하다고 생각합니다. 일본이 앞으로 중국에 대해 우월성을 유지할 수 있을 것인가 아닌가 하는 문제가 제기된다면, (해결책은) 바로 이 것이 될 것이며, 그것으로 충분하다고 생각합니다. 일본 인구는 감소하고 있기 때문에 수數로 승부를 한다면 이길 확률은 없습니다.

야나기사와: 생활의 질이라든지 문화의 질입니다. 이러한 점을 포함해서 '중일 문제'는 기본적으로 일본이 자신을 어떻게 인식하는가라는 문제로 귀결되는 것인지도 모르겠습니다.

아마코: 그렇다고 생각합니다.

미중 세력균형의 변화와 일본의 위치

대담일: 2014년 2월 28일

우에키 지카코植木千可子
와세다대학교 국제학술원 아시아태평양연
구과 교수

미국 메사추세츠 공과대학MIT 정치학 박사. ≪아
사히신문≫ 기자, 일본 방위성防衛省 방위연구소
주임연구관主任研究官 등을 역임. 전문 분야는 국
제관계론, 국제안전보장. 주요 저서로『엑세스 안
전보장론アクセス安全保障論』(日本經濟評論社,
2005),『동북아시아의 '영구 평화'北東アジアの「永
い·平和」』(勁草書房, 2012) 외

미중 세력균형의 실태

야나기사와: 현재 미중 간의 세력균형에 변화가 일어나고 있는 중인데, 미국은 그것에 어떻게 대응하려고 합니까? 또한 미일 관계를 어떻게 인식하고 있습니까? "미국은 더 이상 일본보다도 중국을 중시하고 있다. 일본은 어쨌든 버림받게 된다"라는 극단적인 주장도 있습니다만, 다소 차분한 시점에서 볼 때 어떻게 생각하고 계십니까?

우에키: 우선 세력균형의 추이입니다만, 미중 간의 파워는 갈수록 접근한다고 생각합니다. 다만 갈수록 파워power로는 접근하더라도 지금까지의 축적이 크기 때문에, 특히 군사력에서 아직 중국은 미국을 따라잡지 못하고 있는 상태입니다. 그렇기 때문에 예를 들면 중국이 미국을 GDP로 추월하는 시점이 오더라도 군사력, 안전보장상의 축적된 파워로는 커다란 차이가 한동안 계속될 것으로 생각합니다.

미국은 중국에 비해 대단히 혜택을 받은 안전보장상의 환경에 있습니다. 미국은 캐나다와 멕시코 사이에 있는데, 캐나다가 미국을 침략할 것이라고는 생각하기 힘듭니다. 그러한 의미에서 주변의 위협이 없고, 또한 미국은 세계에서 몇 안 되는 어느 정도 자급할 수 있는 에너지와 식량을 보유하고 있는 국가입니다.

그것에 반해서 중국은 일본을 위시한 주변 국가와 양호한 관계라고 말할 수 없으며, 에너지도 순수입국이 된 지 오래이고, GDP의 60%를 대외무역에 의존하고 있습니다. 파워 시프트 등의 표현이 나타나고 있습니다만, 미국은 외부로 투사할 수 있는 힘이 있는 반면, 중국은 자신이 지니고 있는 힘을 외부를 향해 투사할 수 있게 되기까지 상당한 시간이 걸릴 것으로 생각됩니다.

다만 중국이 주변 지역에서 무엇을 하고 있는가는 일본인에게 매우 커다란 문제입니다. 한편 미국은 멀리 있기 때문에 동아시아에 군사적으로 개입할 능력을 유지하기 위해서는 중국과의 힘의 격차가 있는지의 여부가 중요하다고 생각합니다. 미국의 '개입능력'과 '개입하고자 하는 의사'의 유지에 커다란 영향을 미치는 것이 재정상황과 전쟁하길 꺼려하는 여론입니다. 그렇지만 군사개입에 대해서 국민이 모두 바로 찬성하는 상황은 아니기 때문에 정치적인 비용은 높고, 중국의 힘이 더욱 제고된다면 이 지역에 대한 미국의 개입능력과 중국이 그것을 막으려는 '개입저지 능력'이 더욱 길항拮抗할 것으로 생각합니다.

미국이 어떻게 대응할지에 대해서 향후 일본, 한국, 오스트레일리아 등의 2개 국가 간 동맹을 축으로 이 지역에서 아세안을 포함한 형태의 안전보장 틀을 만들고, 중국을 장기간에 걸쳐 규칙에 따르는 국가로 유도하는 것이 청사진이라고 생각합니다.

야나기사와: 중국 주변에는 일본이 있고, 베트남과 인도도 있습니다. 미국은 일본을 여전히 군사 방면을 포함해 계속해서 아시아 전략의 초석corner stone이라고 생각합니다. 특히 기지가 존재한다는 것은 미국으로서 대단히 커다란 의미가 있지 않겠습니까?

우에키: 주일 미군기지는 미국의 지역전략이나 세계전략에서도 중요합니다. 일본을 도외시한다면 그것은 미국이 더 이상 세계대국이 아님을 스스로 인정하는 것을 의미합니다. 그렇기 때문에 예를 들어 일본 그 자체에 가치를 찾을 수 없다고 해도, 일본이 싫다고 해도 일본을 버리는 일은 있을 수 없습니다. 미국이 동맹국을 버린다면 위신이 추락하기 때문입니다. 무엇보다 일본은 미국과 가치관도 어느 정도 공유하고 있고, 이익도 많이 공유하고 있기 때문에

지킬 의미와 이유는 매우 많습니다.

야나기사와: 일본의 단기적인 대응에 여러 문제가 있다 하더라도 여전히 미국은 중국을 어떻게 할 것인가가 대단히 큰 문제라고 생각합니다. 일본과는 장기간 동맹 관계에 있으며, 지금은 그러한 이슈보다도 미지의 상대인 중국과 이제부터 관계를 어떻게 구축할 것인지가 당연히 우선순위에서 앞섭니다. 그것은 단지 일본을 버린다는 말은 아니라고 생각합니다.

미국은 중국에 대해서 다양한 모색을 하고 있습니다만, 상호 간의 거리를 충분히 파악하지 못하고 있는 것으로 보입니다. 미국은 중국과의 관계에서 어떤 확실한 비전vision이 있는 것인가요?

우에키: 중국에 대한 견해는 아직 정해져 있지 않다고 생각합니다. 서서히 더욱 경계감이 강화하는 쪽으로 시프트shift는 하고 있습니다만, 파트너와 같다고 생각하는 사람들도 있는가 하면, 절대로 타협이 불가능하며 전쟁은 불가피하다고 생각하는 사람까지 다양합니다. 그 가운데 최근 가장 큰 변화는 미군이 중국을 잠재적인 위협으로 명확하게

보기 시작했다는 것입니다. 이제까지는 테러와의 전쟁, 중동에 초점이 맞추어져서, 중국에 대해서 그다지 진지하게 검토하지 않았습니다만, 지금은 '경계하는 상대'라는 컨센서스가 형성되고 있다고 생각합니다. 공해전空海戰 구상 등도 그 표현입니다. 다만 국가로서 어떠한 방법으로 중국과 맞서나갈 것인가 하는 전략은 확립되어 있지 않다고 생각합니다.

야나기사와: 그것은 어떤 사람이 대통령이나 국무장관이 되는가에 따라 약간의 변화가 있을 수 있습니까?

우에키: 그렇습니다. 예를 들면 부시 대통령과 같은 사람이 다시 나와서 9·11과 같은 일을 예방하고자 한다면 중국에 대해서 더욱 강경한 정책을 채택할 것이라고 생각합니다. 그렇지만 실제로 현재의 오바마 정권은 재정적인 부담이 늘고 있기 때문에, 가능한 한 일을 도모하기보다는 중국에게 '책임 있는 대국'이 되어 주었으면 하고 생각하고 있습니다. 다만 '이것은 인정할 수 없다'라는 행동에 대해서는 체크하고 벌하고자 하는 것이 미국의 정책이라고 생각합니다. 예를 들면 지난번 중국의 방공식별구역ADIZ 설정은 인

정되지 않는다고 폭격기를 비행시켜 체크했습니다. 허용의 범위를 어디까지로 할 것인가는 미국에서도 아직 컨센서스가 없으며, 중국도 탐색하고 있을 것입니다. 일본은 미국과 중국이 자의적으로 선line을 뒤로 내리더라도 곤란해지기 때문에, 거기가 바람직한 선인 것처럼 움직이지 않으면 안 된다고 생각합니다.

미일의 어긋남

야나기사와: 미국이 일본과 필리핀 등의 동맹국을 버린다는 것은 초강대국으로서의 자기부정이 되기 때문에 있을 수 없을 것으로 생각하고 있지만, 최근 미국이 가장 허용할 수 없는 선은 어디까지인가라는 것에 대해서 생각하고 있습니다. 단적으로 말하면, 그것은 중국이 아시아 지역에서 패권을 장악하는 것이라고 생각합니다. 역사적으로 보더라도 그것에 대해서는 균형을 잡고자 할 것입니다. 다만 어디를 균형이 잡힌 상태라고 생각하고 있는가는 미국과 동맹국 사이에 균열이 있을지도 모릅니다. 만약 직접적인 군사 공격이 있다면 '대응하는 것'에 균열은 없다고 생각합니다만,

'직접적인 군사행동으로 응한다'라는 것은 미국과 중국이 상호 간에 자제할 것이며, 발생할 가능성이 별로 없습니다.

그렇게 생각할 때 미국이 물러남으로써 일본과 생길 균열이 있다면 바로 센카쿠와 관련이 있을 것입니다. 미일안보조약 제5조의 적용범위이기 때문에 미국은 조약을 이행할 것이지만, 한편으로 그것으로 미중이 대립할 중요한 요인이 되지는 않을 것입니다.

우에키: 그렇습니다.

야나기사와: 2013년의 방위대강에는 중국 군사력의 증강에 대응해서 서태평양에서 미일의 존재감을 강화해야 한다고 적혀 있습니다. 그것은 아마도 일치하는 점일 것입니다만, 구체적으로 동중국해, 센카쿠에서 어디까지가 미국이 용납할 수 없는 선인지 알기 어렵고, 그것이 문제라고 생각합니다.

우에키: 센카쿠 그 자체의 가치는 미국 측에는 없으며 중요하지도 않습니다. 먼 곳에 있는 암초에 불과하다고 생각하고 있다고 봅니다. 다만 미국은 중국이 센카쿠를 취할 군사력이 있다는 것과 그 능력을 바탕으로 센카쿠를 취할 의

사가 있다는 것, 그리고 일본의 시정권施政權하에 있는 센카쿠를 중국이 무력으로 현상을 변경하려는 시도를 저지해야 한다고 생각합니다. 또한 중국이 태평양에 나갈 때는 센카쿠 주변 해역도 어느 정도 통제하고자 할 것임이 틀림없기 때문에, 미국은 센카쿠 그 자체를 지키는 것보다도 중국이 그 해역에서 자유롭게 행동하지 못하도록 하려는 생각입니다.

야나기사와: 중국의 연안지역에서 태평양으로 나오기 위해서는 미야코 수도와 바시 해협이라는 두 가지 출구가 있습니다. 그런데 중국은 미야코 수도를 자유롭게 통과하고 싶다고 생각하는 한편, 미국은 중요한 때가 되면 그곳을 저지하려는 능력을 유지하고 싶어 한다고 생각합니다. 그것은 류큐 열도琉球列島의 방위라고 생각합니다. 또한 오키나와에서 제멋대로 할 수 있도록 허락한다면 미스치프 환초(난사 제도의 환초로 중국이 실효지배하고 있어 필리핀이 항의)나 스카보러 환초(중사 제도의 환초로 필리핀, 중국, 타이완이 영유권을 주장)에도 영향을 미칩니다. 그러한 두 가지 측면의 이유가 있다고 생각합니다.

우에키: 센카쿠를 둘러싸고 중일 간에 충돌이 발생할 경우, 미국은 우선 일본이 독자적인 힘으로 대처하길 바란다고 생각합니다. 불행하게 무력충돌이 일어난다면 미국은 그것을 국소적局所的인 것으로 한정시키기 위해, 그다음의 군사적인 조치는 '더 이상 절대로 허락하지 않는다'라고 중국 측에 정치적으로 강한 메시지를 보내게 될 것입니다. 격화시키지 않는 태세를 취할 것이라 생각합니다.

다만 억지가 성공하기 위해서는 몇 가지의 요건이 있습니다. 첫째는 능력입니다. 성공하지 못한다는 것을 명시적으로 보여주든지 혹은 보복할 능력을 갖고 있는 것입니다. 둘째는 그것을 사용할 의사가 있는 것입니다. 그리고 셋째는 상호 간에 상황인식이 공유되는 것입니다. '무력행사를 하게 되면 이렇게 엄청난 일이 기다리고 있을 것이고, 하지 않는다면 이렇게 좋은 일도 있다'라는 것으로 억지는 성립되지만, 중국이 센카쿠에서 경고를 받고 자제하더라도 도대체 어떠한 좋은 일이 기다리고 있을지는 아마도 보여줄 수 없을 것이라고 생각합니다.

최근 미국에서(미일안보조약 제5장에 기초해) '센카쿠를 지킨다'라는 일련의 일에 대해서 '일본이 거꾸로 강경해져 안정을 해치고 있다'라는 생각이 나오고 있습니다. 과거에 천

수이볜陳水扁은 '타이완을 지킨다'라고 말함으로써 도리어 독립선언의 유인이 되어 상황이 악화되고 긴장이 증가한 것과 마찬가지의 논리입니다.

야나기사와: 미국이 '안보조약 제5조의 적용 범위'로 언급한 것은 중국에 대한 메시지인 것과 동시에, '일본도 걱정으로 불필요한 일은 하지 말기 바란다'라는 의미도 포함되어 있었다고 생각합니다.

우에키: 나아가 미국의 일본에 대한 기대는 대단히 높다고 생각합니다. 지난 (야스쿠니 참배에 대한) '실망'도 그러합니다만, 미국은 일본이 한국, 중국, 동남아시아와 양호한 관계를 구축하고 미국의 세계전략, 아시아전략의 중요한 파트너가 되어주기를 바란다고 생각합니다. 따라서 일본이 관계를 악화시키면 '사과하길 바란다'라고 생각할 것입니다.

야나기사와: 미국은 일본이 지역분쟁의 요인要因이 되고 있다고 간주하고 있습니까?

우에키: 그러한 생각도 있다고 여겨집니다. 중국에 대한

비판은 강하지만, 일본에 대한 비판도 있습니다. 갈수록 일본과 중국을 바라보는 미국의 수준이 달라지고 있습니다. 일본은 성숙한 민주국가로서 선진국이기 때문에 취해야 할 행동이 기대되고 있습니다. 잠재적인 위협으로 여겨지고 있는 국가와 파트너인 일본에 대한 기대치는 당연히 다릅니다. 안정을 해치는 일을 하는 일본에 대한 좌절감은 있다고 생각합니다.

야나기사와: 미국은 일본이 어떠한 형태로 아시아에서의 존재감을 높이기를 바란다고 생각합니까?

우에키: 한 가지는 경제적으로 성장하는 것입니다. 경제적으로 회복해서 어느 정도의 성장을 유지하고, 안정된 정권에서 결정한 정책을 실행하는 것입니다. 또한 지역의 규칙 제정도 기대하고 있습니다. 가능한 한 규칙을 강제적으로 준수하도록 만드는 틀의 주축이 되기를 바라고 있다고 여겨집니다.

야스쿠니와 역사인식

야나기사와: 야스쿠니 신사 참배에 대해서 미국 정부의 '실망했다'라는 표현방식은 미일 동맹에 대단히 큰 의미가 있다고 생각합니다. 즉, 친구들 가운데 '당신이 그렇게 할 것이라고는 생각하지 못했다'라는 저돌적인 표현방식인 것입니다.

우에키: 야스쿠니 참배에 대해서는 미국에서도 엄정한 견해를 보이는 사람이 대부분입니다. 말하지 않고 참배를 했다면, 그 여파로 인한 불이익이 어느 정도일지는 예상했다고 생각합니다. 문제는 비밀리에 진의眞意를 전할 수 있는 채널이 없다는 상황입니다. 미국은 일본이 전략적 사고를 결여하고 있다는 점에 실망했던 것입니다.

미국은 한미일을 지역의 중요한 핵심으로 생각하고 있습니다. 야스쿠니 문제는 중국뿐만 아니라 한국과의 관계도 대단히 악화시키기 때문에, 그것에 대한 '실망'이라고 생각합니다. 북한의 국내정세가 불안정하게 되고, 중국도 자제하지 않는 움직임을 보이게 될 때, 왜 참배하는 것인가라는 '실망'입니다. '한미일 관계가 제대로 기능하지 않게 되는 것은 알고 있지 않은가?라는 것입니다.

야나기사와: 그렇습니다. 센카쿠는 일본과 중국의 문제입니다만, 야스쿠니는 한국도 관련되어 있습니다. 독도/다케시마와 위안부 등의 요인도 있었습니다만, 당분간 한국과의 개선의 싹도 잘려버린 것이 되겠습니까?

우에키: 미국이 야스쿠니 참배에 반대하는 이유는 두 가지입니다. 한 가지는 이미 논한 바와 같이, 오늘날 미국의 전략과 국익에 반하며 지역이 불안정해진다는 것입니다.

다른 한 가지는 미국에게 제2차 세계대전은 지금까지의 전쟁 중 가장 커다란 전쟁으로, 정의를 위한 전쟁이기도 했습니다. 미국인은 야스쿠니 신사는 정치적인 신사神社라고 생각하고 있기 때문에, 거기에 참배한다는 것은 미국의 전쟁관戰爭觀에 의의疑義를 제기하는 행위라고 받아들여지는 것입니다.

야나기사와: 야스쿠니 참배는 미국에게도 역사인식의 문제로군요.

우에키: 일본이 현재 중국의 행보를 이상하다고 말한다면, 당연히 과거 일본이 했던 일도 이상했다고 생각하지 않으면 안 됩니다. 자국이 했던 것은 부정하지 않고, 오늘날의 중국만을 부정하는 것은 이상하게 비추어진다고 생각합니다. 이것은 대단히 중요합니다. 그렇기 때문에 '실망'스럽다고 생각하기도 하는 것입니다.

야나기사와: A급 전범자라는 말에 대해서 대단히 저항감이 강한 일본인 가운데, 도쿄재판은 '사후법事後法에 의한 승자의 재판이다'라는 견해가 있습니다. 저도 A급 전범이라는 말 그 자체는 별로 좋아하지 않습니다만, 그것은 어떤 의미에서 천황의 책임을 면하기 위한 하나의 수단이기도 했던 것입니다. 또 한편으로는 전쟁 책임을 둘러싼 문제를 조속히 해결하고, 소련이 홋카이도北海島를 통치하는 것을 막는 등 다양한 의미에서 전후 일본의 출발점에 관련된 말이기도 합니다.

모든 것을 미국의 역사관에 합치시키지 않으면 안 된다는 의리義理는 없다고 하더라도 야스쿠니 참배를 일본인으로서 어떻게 생각할까, 그것은 더욱 심각하게 생각해야 할 문제라고 생각합니다.

우에키: 저도 전쟁의 문제는 기본적으로 일본인 자신의 문제라고 생각하고 있기 때문에, 예를 들어 중국과 한국이 아무 말도 하지 않고 잊었다고 하더라도 일본인의 문제로서 계속 고려해야 한다고 생각합니다.

미국은 전후 처리 가운데 1945년의 단계에서는 일본이 다시 군국주의화되지 않을까 하는 것이 가장 중요했을 것임에 틀림없지만, 1950년의 단계에서는 공산주의를 어떻게 억지할 것인가라는 것으로 주안主眼이 바뀌었습니다. 수월하게 점령하기 위해 천황제를 비롯한 다양한 국가의 틀을 남기고, 과거 전쟁 지도자였던 사람들도 복귀시켜 (미국이) 다음 전쟁을 싸울 수 있도록 하는 틀이 만들어졌습니다.

그러한 상황에서 일본의 독자적인 전쟁화해와 역사화해는 대단히 어려웠다고 생각합니다. 독일의 경우, 리더가 바뀌고 전혀 다른 국가가 되었기 때문에 하기 쉬운 측면이 있었습니다. 일본인으로서 변명할 것은 별로 없다고 생각합니다만, 미국의 냉전전략 가운데 일본에 대해서 취했던 결정은 일본이 중국 및 한국과 화해하는 것을 어렵게 했던 것이 사실이라고 생각합니다.

야나기사와: 전후 일본의 재출발은 행운일지 불행일지,

큰 모순을 안고 있었습니다. 이른바 평화헌법이 만들어진 때와 일본이 샌프란시스코조약에서 독립을 회복했을 때, 주권을 회복했을 때의 국제정세는 완전히 변했습니다. 그러한 모순을 계속해서 안고 있었지만 역대 자민당 정권은 훌륭하게 그것을 잘 극복하면서 관리하고자 해왔습니다.

어쨌든 현 정권의 입장에서 살펴보면, 그것 자체가 대단히 굴욕적이기 때문에 모순을 해결하기 위해 헌법을 수정하려 하는데, 이것이 '역사 수정주의'와 결부되는 것입니다.

집단적 자위권을 어떻게 봐야 할까

야나기사와: 아베는 "미일 안보를 완전한 쌍무성으로 만들고 싶다"라고 말했습니다만, 저는 미국과 일본의 군사적 포지션과 힘의 차이를 고려하면, 군사적으로 완전하게 쌍무적이라는 것은 있을 수 없다고 생각하고 있습니다.

우에키: 또한 무엇을 위해 쌍무적으로 하고 싶은가라는 것입니다. 그것으로 안전이 더욱 확보될 수 있고, 평화적인 세계가 구축될 수 있다면 그것도 좋다고 생각합니다만, 단

지 쌍무적이 되어 '빚진 일이 없는 것처럼 하고 싶다'라는 것이라면, 의미가 없다고 생각합니다.

무엇보다 어떠한 세계를 구축하고 싶은지, 그 세계의 구축을 위해서 도대체 일본은 무엇을 할 수 있고, 다른 국가와 함께 어떻게 하면 거기에 도달할 수 있는지가 가장 중요합니다.

야나기사와: 집단적 자위권의 행사 용인을 향해서 다양한 구체적 사례를 들고, 미국의 선박을 지킬 것인가, 날아오는 미사일을 격추시키지 않으면 안 된다고 말하지만, 그다지 오늘날의 정세에 부합하는 구체적인 니즈needs로서 이미지화되지 않습니다. 여전히 쌍무성을 달성하고자 하는 것 자체가 주요 목적이 되고 있기 때문에, 현재 국제정세에서 다소 변하더라도 별로 상관없다는 것이 지금의 흐름이라고 생각합니다.

우에키: 다만 이제부터 일본의 '힘의 추이'와 입장을 고려해볼 때, 미일 동맹을 어떻게 유지할 것인가는 고려하지 않으면 안 됩니다. 지금까지는 기지를 제공해서 미국으로부터 보호를 받으려는 구도였지만, 중국의 힘이 강해짐에 따

라 주일 미군기지는 더욱 위험에 처하게 되고, 취약성이 증가한다고 생각합니다.

그렇게 되면 기지의 전략적인 가치는 저하됩니다. 일본으로서도 미국이 머무는 것은 중요합니다만, 그 가치가 저하되는 경향이 있다는 것입니다. 오키나와의 경우를 보아도 알 수 있는 바와 같이, 이 이상의 기지 부담을 일본 주민이 떠맡는 것은 생각하기 어렵습니다.

로컬local한 문제에서 일본이 미국의 보호를 받지 않으면 안 되는 상황이 출현하고 있는 가운데 기지의 중요성은 감소되고, 기지를 증가시키는 것은 국내 상황에서 볼 때 불가능합니다. 그렇게 되면 방위비를 올릴 것인가, 아니면 더욱 적극적으로 무언가를 할 것인가 하는 몇 가지 선택지를 고려하면, 아마도 미국의 군사적 부담을 일본이 나누는 수밖에 없다고 생각합니다.

야나기사와: 중국의 A2/AD 능력이 진화함에 따라 미국의 전방 전개병력의 취약성이 높아지게 되면, 오히려 미국이 일본에 기대하는 것은 '주일 미군기지를 확실히 지켜달라'라고 생각합니다. 미국이 대국으로서 이 지역에 대한 책무를 확고하게 견지하는 데 첫 번째 거점이 주일 미군기지

이기 때문입니다. 다음으로 만약 여유가 있다면, 예를 들면 아시아 지역의 순찰 정도는 일본이 해달라는 말이 나오지 않을까 하고 생각합니다.

우에키: 확실히 (미국은) 일본이 동아시아에서 미국의 군사적인 부담을 과도하게 담당하게 되면, 도리어 지역의 안정이 혼란스럽게 된다는 우려를 갖고 있다고 생각합니다. 오히려 중동 등에서 미국의 작전에 대해 지금보다 더 적극적으로 함께 싸워서 부담을 경감시켜주기를 기대하고 있다고 생각합니다.

미국의 이상은 동맹국에 어느 지역을 맡기고 안정을 도모하는 작전을 전개해달라는 것입니다. 그렇지만 그 능력을 갖고 있는 것은 전 세계적으로도 영국군과 프랑스군밖에 없습니다. 일본은 그와 같은 작전을 실행할 능력도 의사도 없기 때문에, 집단적 자위권의 행사를 용인하더라도 미국은 그와 같은 것을 맡기지 않을 것이라는 점은 알고 있다고 생각합니다.

야나기사와: 영국과 프랑스는, 특히 중동이나 아프리카 지역에 대해서는 지중해를 넘어가야 하는 위치에 있고, 과

거 종주국으로서의 입장도 있기 때문입니다. 미국과 같은 작전수행이 가능하다고 생각하지 않습니다. 일본이 지구를 절반이나 돌아서 그곳에 군사적으로 전개한다는 것은 실로 엄청난 것입니다.

우에키: 그러나 흔히 '지구의 반대편까지 가서 싸우는 것은 아닙니다'라고 말하고 있지만, 지리적인 것보다 글로벌한 세계에서, 예를 들면 민족정화民族淨化와 같은 국제사회에서 허락되지 않는 일, 그리고 군사적인 대응밖에 방도가 없는 일이 발생한다면, 지리적으로 반대편이기 때문에 일본의 국익과 무관하다는 것은 성립되지 않습니다. 반대편까지 갈 때는 가고, 가까운 데라도 나서지 않을 때는 나서지 말아야 한다고 생각합니다.

중요한 것은 일본이 스스로 바라고 있는 세계를 구축하고 유지하기 위해서 자신이 하고 있는 행위가 이득인가의 여부입니다. 미국의 안색을 살피고 '평가해주었기 때문에 이득인가'라는 것과 같은 행동방식은 별로 의미가 없습니다. 이제부터 미국의 힘이 상대적으로 추락하게 된다면, 일본과 유럽의 국가가 함께 생각하고, 이득이라고 생각한다면 해야 한다고 생각합니다.

집단적 자위권이 용인된다면, 도대체 언제 일본은 참가할 것인가 혹은 하지 않을 것인가를 자세하게 고려하지 않으면 안 됩니다. 세계정세, 지역분쟁, 군사지식, 그러한 것을 자위관自衛官만이 아니라 정책을 결정하는 사람들이 공유해야 할 것입니다. 최종적인 결정자는 국민입니다. 그렇지만 이번 논의에서는 그러한 것이 별로 들리지 않았기 때문에 저는 이상하다고 생각합니다.

야나기사와: 그것은 집단적 자위권을 갖고 있지 않더라도 생각하지 않으면 안 되는 것입니다. 흔히 '집단적 자위권 행사를 전제로 삼지 않고 있기 때문에 정치가와 관료가 생각하지 않았다'라든지, '전략적인 사고가 가능한 인재를 키우기 위해서라도 집단적 자위권의 행사 용인이 필요하다'라는 등의 논의가 있었습니다. 그렇지만 그것은 본래의 정책목적과는 다소 다른 말이라고 생각합니다.

우에키: 일본은 이제까지 실로 혜택을 입었던 안전보장 환경에 있었다고 생각합니다. 미국의 동맹국임에도 전쟁을 자주 하지 않았고, 직접적인 위협으로 소련이 있었다고 하더라도 동아시아 지역이 냉전의 중요한 지점이었기 때문에

일정한 영향력을 행사했으며, 동남아시아 국가와도 원조를 통해서 어느 정도 양호한 관계를 유지했습니다.

그러나 앞으로는 경제적으로 그렇게 신장되지 않을 것이며, 미국의 힘도 변하게 됩니다. 중국도 강해지게 되면, 지금까지는 생각하지 않아도 되었던 것을 고려하지 않으면 안 될 것이라고 생각합니다.

야나기사와: 현재 중국과 구체적으로 센카쿠라는 문제를 안고 있고, 이것을 어떻게 통제할 것인가, 지역 전체에 미치는 영향과 일본의 국익, 장래의 지역전망 등 다양한 것을 고려한 뒤에 대응하지 않으면 안 됩니다. 그 과제를 구체적으로 어떻게 수행할 것인지는 제시되지 않고 수단 차원의 논의만 선행되고 있다는 느낌이 듭니다.

상호의존 관계와 대화

야나기사와: 아베는 유럽에서 현재의 중일 관계를 100년 전 영국과 독일의 관계에 비유했습니다. 경제적인 상호의존 관계가 있었지만 전쟁이 일어났고, 그렇게 해서는 안 된

다는 취지라는 것입니다. 우에키 선생님은 100년 전 영국·독일 문제와 오늘날의 중일 간의 대립구조의 차이, 혹은 상호의존 관계의 차이에 대해서 어떻게 생각하고 계십니까?

우에키: '세계에서 가장 경제적으로 상호의존이 진행되고 무역이 많았음에도 불구하고 영국·독일은 전쟁을 했다'라는 것은 현실주의자가 자유주의자의 논의를 논파論破할 때 흔히 사용되는 사례입니다. 현재의 중일 관계와 몇 가지 차이점이 있습니다만, 그 가운데 가장 큰 것은 통상관계가 어느 정도 국제적인 규칙과 조약으로 보장되고 있다는 것이라고 생각합니다. 제도화 및 규칙화가 진전되면, 장래의 경제적 이익을 알 수 있게 되고, 더욱 큰 전쟁이 일어나기 어려운 상황이 된다고 생각합니다.

어떤 국가의 행동을 어느 정도 규칙에 끌어들이고자 생각한다면, 예를 들면 높은 수준의 경제통합과 같은 것으로 통제해갑니다. 힘으로 현상을 변화시키는 것이 아니라 규칙과, 규칙에 위반했을 경우의 벌칙 등으로 분쟁을 억제해갑니다. 그 방법밖에 없다고 생각합니다.

야나기사와: 현재는 그러한 구체적인 규칙도 있으며, 전쟁

을 하지 않는 것이 노력으로 가능한 시대가 되었다는 점이
네요. 후에는 어떻게 하더라도 그것으로는 덮을 수 없는 영
유권 분쟁과 민족주의적인 감정 문제는 어떻게 보십니까?

우에키: 예를 들면, 해양에서의 행동규범이 있다면 어느
정도 관리하는 것은 가능하다고 생각합니다. 경제적인 측
면에서 말하자면, 일본과 타이완 사이에는 어업 관련 협정
이 있습니다. 아세안은 남중국해의 행동규범 제정을 추진
하고 있지만, 조금 더 강제력을 높이는 것이 가능하다면 마
찬가지의 도식圖式을 동중국해에 적용해 영유권으로 제한
하고 '이러한 행동을 취하지 맙시다'라는 것이 가능하다고
생각합니다.

야나기사와: 저는 동중국해가 모델이 되지 않으면 안 된
다고 생각합니다.
'이익유도利益誘導'나 '설득' 등도 안전보장을 위한 전략적
인 수단의 하나로서 충분히 사용되는 시대가 되고 있다고
생각합니다. 나아가서 '타협'이 있는데, 상대에게 이익을 양
보했다고 여기도록 만들면서 자신이 확실히 취할 것은 취
하는 방법이어서 안전보장의 수단으로 고려해야 한다고 생

각합니다. 현재 북방영토에서는 러시아와의 관계에서 그것을 하려는 것처럼 보입니다만, 그러한 수단을 아시아에서 사용한다면 더욱 좋을 것이라고 생각합니다.

우에키: 중국이 센카쿠 근처에 접근하면 타협에 대한 주장에 힘이 실릴 것이라는 견해, 혹은 중국과 타협하게 되면 일본의 입장이 약해진다는 견해가 있습니다. 하지만 전략과 영유권을 결부시키는 사고방식은 위험하다고 생각합니다. 위기가 격화되지 않도록 하는 틀이 대단히 중요하다고 생각합니다만, 현재로선 충분치 않습니다. 작은 분쟁이 커다란 위기로 격화되지 않도록 하는 것이 대단히 중요합니다.

야나기사와: 현상에 대해서는 그것 역시 미중 간의 군사 대화에 맡기지 않으면 안 되는 상황이라고 저는 생각합니다. 미국은 중국군을 상식적인 규칙을 준수하는 군대가 되도록 진심으로 조치를 취하고 있습니까?

우에키: 다양한 차원에서 관여하는 것으로 조금씩 사고방식이 변하게 된다고 생각하고 있음에 틀림없습니다.

야나기사와: 한숨이 길게 나오는 말이네요.

우에키: 그렇습니다. 다만 냉전의 종식을 살펴보면, 소련 군과 나토 간에 행해졌던 전술적인 것을 포함한 대화가 상당히 소련군의 사고방식을 변화시켰다고 합니다. 이 사례를 본다면, 다양한 차원에서 관여하는 것은 중요하다고 생각합니다.

다만 저도 중일 간에 방위 교류를 더욱 적극적으로 해야 한다고 제언해왔습니다만, 외부와 접촉하는 중국인민해방군 군인들 중에는 회의 담당 요원이 많기 때문에, 작전을 사고하는 군인이 미국 및 일본과 대화할 기회를 증가시키는 것이 중요하다고 생각합니다. PKO 등 유엔의 임무를 중국과 일본이 함께하는 장면을 만드는 것도 중요하다고 생각합니다.

야나기사와: 저도 참모장급 간의 정기적인 대화 정도가 있어야 한다고 생각합니다.

지향해야 할 세계, 일본의 국가상

야나기사와: 그렇다면 일본이 가져야 할 국가상, 지향해야 할 세계는 어떠한 것입니까?

우에키: '가져야 한다'라는 말로 생각해보자면, 저는 국가상은 국민이 각자 생각해야 한다고 봅니다. 그리고 그 논의의 총화總和가 지향해야 할 국가상이라고 생각합니다. 안전보장은 전문가의 일로 간주되고 있지만, 저는 그렇지 않고 국민적인 논의가 필요하다고 생각합니다.

안전보장을 고려할 때 군사력의 행사 가능성은 절대적으로 수반되는 것이며, 그러한 현실은 무시할 수 없습니다. 군사력의 행사라는 것은 사람의 목숨이 달린 일이며, 누군가를 죽여야 한다면 확실하게 각오하지 않으면 안 됩니다. 그렇다면 사람의 목숨을 희생해서라도 지키고자 하는 '중요한 것'은 도대체 무엇인가를 국민이 확실히 논의할 필요가 있습니다. 그 '중요한 것'이 국가상이라고 생각합니다. 이런 논의가 별로 이루어지지 않고 있기 때문에 확실히 해두어야 한다고 생각합니다.

제가 생각하는 지향할 세계는 '한 사람 한 사람이 자신이

지니고 있는 가능성을 최대한 발휘할 수 있는 세계'로 '경제
적으로 풍요롭고, 경제발전이 지속되며, 정치적으로 안정
되어 있는 평화'가 필수적이라 생각합니다. 한편으로 그 가
능성을 제한하고 있는 차별과 탄압은 제거되어야 합니다.
간단히 말하면 '자유롭고 평화로운 세계'입니다. 그와 같은
세계를 향해 일본은 다른 국가와 함께 협력해 나아가는 모
습을 저는 기대하고 있습니다.

일본은 자원이 한정되어 있고, 타국과의 통상과 협력이
없이는 그 풍요로움을 유지할 수가 없습니다. 방금 전에 야
나기사와 선생님께서 100년 전과 현재의 차이를 질문했습
니다만, 현재는 한 국가로 무엇인가 하고자 하더라도 불가
능하며, 한 국가만으로 평화와 풍요를 누리기는 더 이상 불
가능합니다.

사람 사이의 이동을 막는 장애물이 없어진다면, 당연히
모두 평화롭게 왕래할 수 있는 열린 세계가 되어야 합니다.
그런 세계에서 일본은 무엇을 할 수 있는가라는 질문을 받
고 있습니다. 일본의 국가상은 '민주주의와 자유주의를 기
조로 하며, 억제적인 군사력과 경제력을 통합한 종합안전
보장을 지닌 국가'라고 생각합니다.

저는 전후 일본이 이루었고 구축했던 것은 실제로 훌륭

했다고 생각합니다. 거기에 더욱 긍지를 가져야 하며, 전전에 있었던 국가에 대한 자부심 같은 것을 끄집어낼 필요는 없다고 생각합니다.

또한 일본은 스스로를 잘려 나갔으며 작다고 생각하지만, 작은 국가는 아니라고 생각합니다. 향후 계속해서 주요국이 될 것으로 생각합니다. 군사적으로도 어느 정도 큰 국가이며, 경제 규모는 계속 2, 3위를 유지하고 있습니다. 반면 중국은 앞으로 해결하지 않으면 안 되는 사회보장과 격차의 문제, 인프라 정비 등을 고려할 때, 중국이 외부로 투사할 수 있는 힘은 매우 한정되어 있습니다. 그러한 의미에서 일본이 계속 주요국으로 남을 것이므로 더욱 잘 생각해서 행동하는 국가가 되어야 한다고 생각합니다.

야나기사와: 주요국으로서의 '파워'라기보다 주요국으로서의 '지혜'를 가져야 한다고 저는 생각합니다. 스스로를 대국으로 인식하고 주변을 통제해야 할 존재로 규정해야 할까요? 아니면 특히 군사적으로 미들 파워middle power를 유지하면서 가능한 범위에서 활동해야 할까요?

우에키: 힘이 아니라 규칙으로 행동이 규정되는 세계가

되지 않으면 매우 위험하다고 생각합니다. 이라크 전쟁 때 미국에 대해서 세계는 아무것도 하지 못했습니다. 미국을 제어하기 위해서는 미국 국내의 자정능력에 맡길 수밖에 없었습니다. 미국 다음에 등장할 초강대국이 자정능력이 있을 것이라고 단정할 수 없습니다. 규칙은 각국이 참가해서 만들고, 벌칙규정도 설치해야 한다고 생각합니다.

이 (아시아) 지역에서는 규칙제정이 어렵고, 벌칙이 있는 규칙에 대해서는 아세안 등의 거부감이 강합니다. 그렇지만 시간이 걸리더라도 강제력이 있는 규칙을 만들지 않으면, 힘이 있는 국가의 말에 힘이 없는 국가가 따를 수밖에 없는 형국이 될 것입니다. 유럽이 현재의 모습이 되기까지 약 60년이 소요되었습니다. 규칙이 뿌리내리려면 오랜 시간이 필요하기 때문에 가능한 한 일찍 조치를 취할 필요가 있습니다.

그리고 일본이 솔선해서 규칙제정을 추진하기 위해서는 일본 자신이 규범에 따라 행동하는 것이 중요합니다. 과거 행동에 대해서도 당시의 가치관이 아니라, 오늘날의 가치관으로 판단하는 것이 중요합니다.

'일본을 둘러싼 안보 환경은 엄중함이 증가되고 있다'라고 흔히 말합니다. 그렇지만 힘으로 대처하는 방법을 모색하는 것뿐만 아니라 안보 환경 그 자체를 개선하는 것에 더욱 노력해야 합니다.

일본이 세계의 안정을 위해서 더욱 적극적으로 행동해야 한다는 것에 찬성입니다. 미국의 영향력 저하가 예상되는 현재, 일본이 현존하는 국제시스템의 안정을 밑받침하는 것이 필요합니다. 그렇지만 그때 중요한 것은 주변국과의 양호한 관계를 유지하면서 한 걸음을 내딛는 것입니다. 그렇지 않으면 지역이 불안정해지고, 일본의 안전이 도리어 훼손되며, 본말전도本末顛倒가 될 수 있습니다. 군사, 외교, 경제, 기술이전, 문화교류 등 다양한 수단을 활용해 안보 전략을 수행하는 것이 중요합니다.

옮긴이 후기

空の拍子を智慧の拍子より發して勝つ所也 _ 宮本武藏,『五輪書』

隨時而變通, 隨事而因應 _ 黃遵憲,『朝鮮策略』

千軍易得, 一將難求 _ 馬致遠,『漢宮秋』

　　망국, 일본, 안보, 정책. 이 책의 제목에 포함되어 있는
핵심 단어들이다. 이러한 주제어를 하나로 묶어서 저자가
주장하고자 하는 바를 간략히 소개하면, "일본은 (잘못된)
안보정책으로 인해서 (결국) 국가 차원에서 멸망*하게 될

---

* 구라야마 미쓰루倉山滿에 의하면, '국가의 멸망'이란 보수의 반대 개념으로 애
국이 부재한 상황을 지칭하며 다음과 같이 8개의 범주가 있다. ① 민족 섬멸,
② 국가 회신灰燼, ③ 민족 노예화, ④ 국가 해체, ⑤ 위성국화衛星國化, ⑥ 내
전 직전 상태, ⑦ 국내 대리전쟁, ⑧ 중립화. 이에 대해서는 다음을 참조하기

것이다"라는 것이다. 좀 더 극단적으로 이 책의 원서 표지 띠지에는 "일본에게 최대의 위협은 아베 정권이다"라고 적혀 있다.

이 책의 지은이 야나기사와 교지柳澤協二는 일본 도쿄대학東京大學 법학부를 졸업하고 방위청防衛廳(현재의 방위성)에서 장기간 근무했고, 특히 2004년부터 2009년까지 고이즈미 준이치로 내각, 후쿠다 야스오 내각, 제1차 아베 신조 내각, 아소 타로麻生太郎 내각 관방官方 부장관보로 안보 및 위기관리를 담당한 바 있는 일본의 국방 및 안보 정책 전문가이다.

이러한 경력의 저자는 이 책에서 현재 제2차 아베 신조 내각이 전개하는 안보 정책의 목표, 흐름 및 저의底意 등을 명쾌하게 설명하며 비판적으로 독해하고 있다. 또한 이 책의 부록으로 저자와 일본의 동북아시아 안보 전문가 및 중국 전문가와의 대담을 실었는데, 이를 통해 향후 일본의 안보 정책이 지향해야 할 정책적 대안과 거시적 흐름을 살펴볼 수 있다.

옮긴이는 그동안 일본 도쿄의 방위청 산하 방위연구소防

바란다. 倉山滿, 『保守の心得』(東京: 扶桑社, 2014), pp. 20~33.

衛研究所 및 방위대학교防衛大學校 등을 학술 차원에서 방문한 바 있다. 그리고 요코스카의 해군 기지는 물론 오키나와와 가데나嘉手納의 이른바 '안보가 보이는 언덕'에서 핵심적인 미군 기지를 육안으로 살펴보며 미국과 일본 간 안보 협력의 현주소를 직접 느껴볼 기회도 있었다.

이와 같은 경험을 토대로 이 책을 국내에 소개하는 과정에서, 현재 급변하는 한반도의 정세를 살피며 한국이 취해야 할 안보 정책의 궁극적인 방향은 무엇인가라는 고민을하는 좋은 계기를 얻기도 했다. 이른바 '망국의 안보 정책'이 있다면, 거꾸로 '흥국興國의 안보 정책'도 있을 것이다. 이러한 점을 감안해 정전 체제 속의 분단 국가라는 입장에서, 대한민국을 위한 '흥국의 안보 정책'은 굳건한 안보태세 속에서 실력 있는 민주주의를 이룩하며 확고한 내치內治와 유연한 외교 간의 전략적 균형을 토대로 삼아, 이공위수以攻爲守의 공세적인 관여까지를 포함하는 다양한 정책 수단을 강구해야 할 것이다.

특히 현재 일본 안보 정책의 기조가 미일 안보동맹을 굳건히 하고 '제한적으로' 중국과의 협력을 모색하면서, 미국·일본·오스트레일리아 '삼각 군사협력'을 강화하는 형태로 기존의 한미일 간의 안보협력 체제를 상대적으로 무력화시키는 양상을 보이고 있다. 궁극적으로 이는 한반도를 고립시키는 '원교근공遠交近攻'의 책략으로 수렴되는 점을 분명히 인식할 필요가 있다. 무엇보다 '한반도 유사'를 염두에 두고 일본이 군사 대국화를 지향하는 기본국책基本國策을 추진하는 엄중한 현실을 간과해서는 안 될 것이다.

그런데 일본이 명심해야 할 한 가지 사실이 있다. 과거 일본은 도쿄에서 이루어진 전범 재판을 통해 국가적인 차원에서 유죄 판결을 받았으며, 그것은 두 차례의 원자폭탄 투하로 사전事前에 확증되었다. 아라비아 속담에 "한 차례만 일어난 일은 한 차례로 끝날 수 있다. 그렇지만 두 차례 일어난 일은 계속 일어나게 된다"라는 말이 있다. 게다가 미일 군사동맹의 핵심인 주일 미군은 향후 일본으로부터의 완전 철수를 목표로 떠나기 시작하고 있다.*

또한 만리일공萬理一空의 견지에서 논하자면, 천하는 아베 신조 한 사람의 천하가 아니며(天下非一人之天下也), 일본이라는 한 국가를 위해서 존재해야 하는 천하도 아니다(天下非一國之天下也). 최근 일본 외무성의 외부 연구회가

---

* 이에 대해서는 다음을 참고하기 바란다. 飯柴智亮·小峯隆生, 『2020年日本から米軍はいなくなる』(東京: 講談社, 2014).

제출한 정책 보고서에서도 "한국의 동향을 무시하며 일본이 외교를 수행하는 일은 있을 수 없다"[*]라며 신중한 행동을 요구하고 있다. 또한 일본의 일면적인 원교근공 책략은 한국의 복합적인 근공원교近攻遠交를 거꾸로 초래할 수도 있다.

이러한 거시적인 맥락에서 이 책은 향후 일본 안보 정책의 발전 양상과 그 득실을 전망해볼 수 있는 훌륭한 나침반 역할을 할 수 있을 것이다.

이 책의 출간 과정에서 많은 사람들에게 도움을 받았다. 무엇보다 중간에 예상 밖의 한차례 우여곡절에도 불구하고 이 책의 최종 출간이 가능할 수 있었던 것은 일본 나고야名古屋에 소재한 아이치대학愛知大學 국제중국학연구소(ICCS)의 다카하시 고로高橋五郎 소장님 및 도쿄에 있는 신시대전략연구소新時代戰略研究所(INES) 다시로 히데토시田代秀敏 고문님을 비롯한 관계자 분들의 한결 같은 지원과 격려 덕분이었음을 이 지면을 빌려 밝힌다. 아울러 이 책의 한국어판

---

[*] '20年後のアジア太平洋地域秩序と日本の役割'に關する研究會, 「20年後のアジア太平洋地域秩序と日本の役割」 報告書(2015年3月), p. 3. http://www.mofa.go.jp/mofaj/fp/pp/page3_001196.html

출간에 즈음해 매우 분주한 가운데 추천의 글을 전한 옮긴이의 오랜 외우畏友 홍콩중문대학(香港中文大學, CUHK)의 선 쉬후이(沈旭暉, Simon Shen) 교수님께도 감사의 말씀을 전한다.

마지막으로 이 책의 최종 출간 과정에서 바쁜 와중에도 윤독을 하며 소중한 조언을 했던 이동건(서울대 법학전문대학원 석사과정, 서울대 한반도문제연구회 전임 회장), 김동욱(서울대 정치외교학부 정치학전공, 한반도아시아국제관계연구회韓亞會, KPAIR 연구원), 김성윤(홍익대 조소과, 한반도아시아국제관계연구회 연구원), 김윤진(서울대 정치외교학부 정치학 전공, 한반도아시아국제관계연구회 연구원), 손하늘(서울대 정치외교학부, 한반도아시아국제관계연구회 연구원, 아시아법학생연합 ALSA 학술 위원), 홍주표(서울대 노어노문학과, 한반도아시아국제관계연구회 연구원) 등 여러 후배에게 진심 어린 고마움을 전한다.

2015년 3월 일본 나고야에서

한아회韓亞會 창립의장

이용빈

지은이 야나기사와 교지柳澤協二

일본 도쿄東京 출생(1946)

일본 도쿄대학東京大學 법학부 졸업(1970)

일본 방위청防衛廳(현 방위성防衛省) 임용(1970)

일본 방위청 장관관관長官官房 방위심의관(1995)

일본 방위청 방위정보본부防衛情報本部 본부장(1998.7)

일본 방위청 운용국장運用局長(1998.11)

일본 방위청 인사교육국장(2000)

일본 방위청 장관관방장長官官房長(2002.1)

일본 방위청 방위연구소장防衛研究所長(2002.8)

제2차 고이즈미小泉 내각관방內閣官房 부장관보副長官補(차관급: 안보·위기관리 담당)(2004.4)

제3차 고이즈미 내각관방 부장관보(차관급: 안보·위기관리 담당)(2005)

제1차 아베安倍 내각관방 부장관보(차관급: 안보·위기관리 담당)(2006)

후쿠다福田 내각관방 부장관보(차관급: 안보·위기관리 담당)(2007)

아소麻生 내각관방 부장관보(차관급: 안보·위기관리 담당)(2008~2009.9)

일본생명보험日本生命保險 고문(2009)

NPO법인 국제지정학연구소國際地政學研究所 이사장(2011~)

신외교이니셔티브新外交イニシアティブ(New Diplomacy Initiative) 이사

저서: 『억지력을 묻는다: 전임 정부 고관과 방위 전문가들의 대화抑止力を問う: 元政府高官と防衛スペシャリスト達の対話』(共著, かもがわ出版, 2010), 『탈동맹시대: 총리 관저에서 이라크의 자위대를 총괄했던 남자의 자성과 대화

脱·同盟時代: 総理官邸でイラクの自衛隊を統括した男の自省と対話』(共著, かもがわ出版, 2011), 『검증 관저의 이라크 전쟁: 전임 방위 관료에 의한 비판과 자성検証 官邸のイラク戦争: 元防衛官僚による批判と自省』(岩波書店, 2013), 『개헌과 국방: 혼미해져가는 안전보장의 행방改憲と国防: 混迷する安全保障のゆくえ』(共著, 旬報社, 2013), 『허상의 억지력: 오키나와·도쿄·워싱턴발 안전보장정책의 신기축虚像の抑止力: 沖縄·東京·ワシントン発 安全保障政策の新機軸』(共著, 旬報社, 2014), 『망국의 집단적 자위권亡国の集団的自衛権』(集英社新書, 2015) 외

옮긴이 이용빈

한국지도자육성장학생

대한민국 통일부 '통일연수과정' 수료

중국 베이징대 국제정치학과 대학원 수학, 서울대 외교학과 대학원 수료

미국 하버드대 HPAIR 연례 학술대회 참석(서울대 대표: 안보 분과/외교 분과)

서울대 국제문제연구소 간사, 국회 정무위원회政務委員會 수습연구원 역임

인도 방위문제연구소(IDSA: Institute for Defence Studies and Analyses) 전임 객원연
구원

이스라엘 크네세트(국회), 미국 국무부 및 해군사관학교, 일본 게이오대 초청방문

일본 방위청 방위문제연구소防衛問題研究所, 일본방위대학교日本防衛大學校 학술방문

대한민국 공군사관학교 '중국인민해방군과 조선인민군의 정군政軍관계' 초청강연

한반도아시아국제관계연구회(韓亞會, KPAIR) 창립의장(Founding Chancellor, 2011.4~)

중국 '시진핑 모델習近平模式' 전문가위원회 위원專家委員會委員(2014.11~)

저서: 『論東北亞十大關係』(근간)

역서: 『북한과 중국』(공역, 2014), 『중국인민해방군의 실력』(2015) 외

주요 연구: "Chasing the Rising Red Crescent: Sino-Shi'a Relations in the Post-
Cold War Era," in Brannon Wheeler and Anchi Hoh(eds.), *East by
Mid-East: Studies in Cultural, Historical and Strategic Connectivi-
ties*(Sheffield, UK and Bristol, US: Equinox Publishing, 2013) 외

한울아카데미 1788

망국의 일본 안보 정책
아베 정권과 적극적 평화주의의 덫

지은이 ǀ 야나기사와 교지
옮긴이 ǀ 이용빈
펴낸이 ǀ 김종수
펴낸곳 ǀ 도서출판 한울
편집책임 ǀ 이교혜
편   집 ǀ 강민호

초판 1쇄 인쇄 ǀ 2015년 5월 8일
초판 1쇄 발행 ǀ 2015년 5월 26일

주소 ǀ 413-120 경기도 파주시 광인사길 153 한울시소빌딩 3층
전화 ǀ 031-955-0655
팩스 ǀ 031-955-0656
홈페이지 ǀ www.hanulbooks.co.kr
등록번호 ǀ 제406-2003-000051호

Printed in Korea.
ISBN 978-89-460-5788-3 03340

* 책값은 겉표지에 표시되어 있습니다.